家宅風水基本法

增訂版

蘇民峰

作者簡介

蘇民峰 長髮，生於一九六〇年，人稱現代賴布衣，對風水命理等術數有獨特之個人見解。憑着天賦之聰敏及與術數的緣分，對於風水命理之判斷既快且準，往往一針見血，疑難盡釋。

以下是蘇民峰這四十年之簡介：

八三年 開始業餘性質會客以汲取實際經驗。

八六年 正式開班施教，包括面相、掌相及八字命理。

八七年 毅然拋開一切，隻身前往西藏達半年之久。期間曾遊歷西藏佛教聖地「神山」、「聖湖」，並深入西藏各處作實地體驗，對日後人生之看法實跨進一大步。回港後開設多間店舖（石頭店），售賣西藏密教法器及日常用品予有緣人士，又於店內以半職業形式為各界人士看風水命理。

八八年 夏天受聘往北歐勘察風水，足跡遍達瑞典、挪威、丹麥及南歐之西班牙，隨後再受聘往加拿大等地勘察。同年接受《繽紛雜誌》訪問。

八九年 再度前往美加，為當地華人服務，期間更多次前往新加坡、日本，以至台灣地區等。同年接受《城市周刊》訪問。

九〇年 夏冬兩次前往美加勘察，更多次前往台灣地區，接受當地之《翡翠雜誌》、《生活報》等多本雜誌訪問。同年授予三名入室弟子蘇派風水。

九一年 續去美加，以至台灣地區勘察。是年接受《快報》、亞洲電視及英國 BBC 國家電視台訪問。所有訪問皆詳述風水命理對人生的影響，目的為使讀者及觀眾能以正確態度去面對人生。同年又出版了「現代賴布衣手記之風水入門」錄影帶，以滿足對風水命理有研究興趣之讀者。

九二年 續去美加及東南亞各地勘察風水，同年 BBC 之訪問於英文電視台及衛星電視「出位旅程」播出。此年正式開班教授蘇派風水。

九四年 首次前往南半球之澳洲勘察，研究澳洲計算八字的方法與北半球是否不同。同年接受兩本玄學雜誌《奇聞》及《傳奇》之訪問。是年創出寒熱命論。

九五年 再度發行「風水入門」之錄影帶。同年接受《星島日報》及《星島晚報》之訪問。

九六年 受聘前往澳洲、三藩市、夏威夷及東南亞等地勘察風水。同年接受《凸周刊》、《壹本便利》、《優閣雜誌》及美聯社、英國 MTV 電視節目之訪問。是年正式將寒熱命論授予學生。

九七年 首次前往南非勘察當地風水形勢。同年接受日本 NHK 電視台、丹麥電視台、《置業家居》、《投資理財》及《成報》之訪問。同年創出風水之五行化動土局。

九八年 首次前往意大利及英國勘察。同年接受《TVB 周刊》、《B International》、《壹週刊》等雜誌之訪問，並應邀前往有線電視、新城電台、商業電台作嘉賓。

九九年 再次前往歐洲勘察，同年接受《壹週刊》、《東周刊》、《太陽報》及無數雜誌、報章訪問，同時應邀往商台及各大電視台作嘉賓及主持。此年推出首部著作，名為《蘇民峰觀相知人》，並首次推出風水鑽飾之「五行之飾」、「陰陽」、「天圓地方」系列，另多次接受雜誌進行有關鑽飾系列之訪問。

二千年 再次前往歐洲、美國勘察風水，並首次前往紐約，同年 masterso.com 網站正式成立，並接受多本雜誌訪問關於網站之內容形式，及接受校園雜誌《Varsity》、日本之《Marie Claire》、復康力量出版之《香港 100 個叻人》、《君子》、《明報》等雜誌報章作個人訪問。同年首次推出第一部風水著作《蘇民峰風生水起（巒頭篇）》、第一部流年運程書《蛇年運程》及再次推出新一系列關於風水之五行鑽飾，並應無綫電視、商業電台、新城電台作嘉賓主持。

〇一年 再次前往歐洲勘察風水，同年接受《南華早報》、《忽然一週》、《蘋果日報》、日本雜誌《花時間》、NHK 電視台、關西電視台及《讀賣新聞》之訪問，以及應紐約華語電台邀請作玄學節目嘉賓主持。同年再次推出第二部風水著作《蘇民峰風生水起（理氣篇）》及《馬年運程》。

〇二年 再一次前往歐洲及紐約勘察風水。續應紐約華語電台邀請作玄學節目嘉賓主持，及應邀往香港電台作嘉賓主持。是年出版《蘇民峰玄學錦囊（相掌篇）》、《蘇民峰八字論命》、《蘇民峰玄學錦囊（姓名篇）》。同年接受《3週刊》、《家週刊》、《快週刊》及日本的《讀賣新聞》之訪問。

〇三年 再次前往歐洲勘察風水，並首次前往荷蘭，續應紐約華語電台邀請作玄學節目嘉賓主持。同年接受《星島日報》、《東方日報》、《成報》、《太陽報》、《壹週刊》、《壹本便利》、《蘋果日報》、《新假期》、《文匯報》、《自主空間》之訪問，及出版《蘇民峰玄學錦囊（風水天書）》與漫畫《蘇民峰傳奇 1》。

〇四年 再次前往西班牙、荷蘭、歐洲勘察風水，續應紐約華語電台邀請作風水節目嘉賓主持，及應有線電視、華娛電視之邀請作其節目嘉賓，同年接受《新假期》、《MAXIM》、《壹週刊》、《太陽報》、《東方日報》、《星島日報》、《成報》、《經濟日報》、《快週刊》、《Hong Kong Tatler》之訪問，及出版《蘇民峰之生活玄機點滴》、漫畫《蘇民峰傳奇2》、《家宅風水基本法》、《The Essential Face Reading》、《The Enjoyment of Face Reading and Palmistry》、《Feng Shui by Observation》及《Feng Shui — A Guide to Daily Applications》。

〇五年始 應邀為無綫電視、有線電視、亞洲電視、商業電台、日本NHK電視台作嘉賓或主持，同時接受不同雜誌訪問，並出版《觀掌知心（入門篇）》、《中國掌相》、《八字萬年曆》、《八字入門捉用神》、《八字進階論格局看行運》、《生活風水點滴》、《風生水起（商業篇）》、《如何選擇風水屋》、《談情說相》、《峰狂遊世界》、《瘋蘇Blog Blog趣》、《師傅開飯》、《蘇民峰美食遊蹤》、《蘇民峰 • Lilian蜜蜜煮》、《A Complete Guide to Feng Shui》、《Practical Face Reading & Palmistry》、《Feng Shui — a Key to Prosperous Business》、五行化動土局套裝、《相學全集一至四》、《八字秘法（全集）》、《簡易改名法》、《八字筆記（全集）》、《蘇語錄與實用面相》、《中國掌相》、《風水謬誤與基本知識》等。

蘇民峰顧問有限公司
電話：2780-3675
傳真：2780-1489
網址：www.masterso.com
預約時間：星期一至五（下午二時至七時）

自序

置業是人生中的一件大事，尤其是買第一套房子的時候。不過，很多時卻往往會因為經驗不夠、一時心急、考慮得不夠周詳而買錯房子，以致做錯人生第一個重大的決定。

買房子除了要考慮居住習慣和地區外，風水亦是一個不可或缺的重要條件，若然買錯一間損財傷丁的房子，喜事便會變成壞事。所以，我在這書中把選擇房子的基本知識、吉凶宜忌都一一說明了，當中附以很多實際例子，讓讀者可以觸類旁通，這樣即使買不到一間旺財旺丁的房子，最起碼也可以防止破財、疾病及爭吵。

蘇民峰

目錄

第一章：選宅基本法

第二章：風水問答與小貼士

第三章：家居風水問答

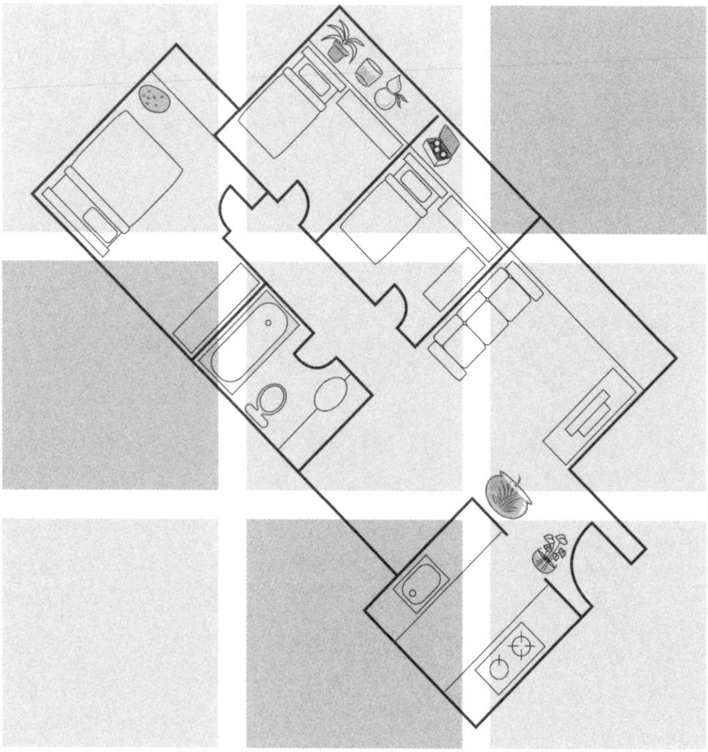

第一章
選宅基本法

選宅基本法

要選擇一個適合自己的居室，首要條件當然是知道自己的需要。在風水學上，住宅主要分為四大格局：（一）旺財旺丁；（二）損財傷丁；（三）旺財不旺丁；（四）旺丁不旺財。

以上四種格局之中，除了第二類損財傷丁之局，不論任何人居住都沒有好處外，其他格局均各有優點。

旺財旺丁局

適合有老有少、人口較多的家庭，因旺財旺丁局能對宅中居住的人起到旺身體、人緣及旺財運的作用。

旺財不旺丁局

此局最利年青單身男女或拼搏一族，因旺財不旺丁之局對財運特別有利，但對身體健康則幫助不大。然而，年輕人的身體情況大多較佳，所以除非閣下身體較差，才必須選擇旺財旺丁的房子。

旺丁不旺財局

此局有利退休年長人士及收入穩定的人，因其對身體、人緣的幫助最大，尤其是身體較差、希望住屋風水對健康能起正面作用之人，此局最為有利。

不過，每個地運之旺衰方位各有不同，而風水學上分為「三元九運」。三元為上、中、下三元，每一元又分成三個小運——上元為一、二、三運，中元為四、五、六運，下元為七、八、九運，而每一個運各佔二十年，九個運便是一百八十年之大循環。但要注意的是，你的居室格局並不會隨地運轉變，而計算方法主要是入住的年期為準。例如你在七運時入住此宅，即使你一直住至八運、九運，但仍以七運之吉凶計算，除非你在七運入住時，方位不太理想，到八運時才需要重新裝修、重新入伙，以取八運之旺氣。為使讀者易於選擇自己所需的居宅，現把每方位的指南針度數及每運之旺衰方位列出，請參看下頁。

我們在論述居室坐向時（註），不會説大門向西北、正西或西南等方位，而會使用風水學上的專有名詞，例如西北分為戌、乾、亥三個方位，正西分為庚、酉、辛三個方位，而西南則分為未、坤、申三個方位。

註：大門坐向是進屋以後望出大門之方向為向方。

每方位之指南針度數對照

正東

甲——67.5度至82.5度

卯——82.5度至97.5度

乙——97.5度至112.5度

東南

辰——112.5度至127.5度

巽——127.5度至142.5度

巳——142.5度至157.5度

正南

丙——157.5度至172.5度

午——172.5 度至 187.5 度

丁——187.5 度至 202.5 度

西南

未——202.5 度至 217.5 度

坤——217.5 度至 232.5 度

申——232.5 度至 247.5 度

正西

庚——247.5 度至 262.5 度

酉——262.5 度至 277.5 度

辛——277.5 度至 292.5 度

西北

戌——292.5 度至 307.5 度

乾—307.5度至322.5度

亥—322.5度至337.5度

正北

壬—337.5度至352.5度

子—352.5度至7.5度

癸—7.5度至22.5度

東北

丑—22.5度至37.5度

艮—37.5度至52.5度

寅—52.5度至67.5度

知道各方位所代表的度數後，便要進一步認識各方位在每個地運之吉凶情況。

一運至九運之各個方位吉凶情況

七運——一九八四年至二零零三年
八運——二零零四年至二零二三年
九運——二零二四年至二零四三年
一運——二零四四年至二零六三年
二運——二零六四年至二零八三年
三運——二零八四年至二一零三年
四運——二一零四年至二一二三年
五運——二一二四年至二一四三年
六運——二一四四年至二一六三年
七運——二一六四年至二一八三年

知道一運至九運所代表的年份後，便要再細分每個運不同方位的吉凶情況：

七運——一九八四年至二零零三年

旺財旺丁方位

坐酉向卯（即大門向正東，向方是指大門向出之方位）

坐辛向乙　坐卯向酉　坐乙向辛　坐戌向辰

坐辰向戌

損財傷丁方位

坐乾向巽　坐亥向巳　坐巽向乾　坐巳向亥

坐庚向甲　坐甲向庚

旺財不旺丁方位

坐午向子　坐丁向癸　坐申向寅　坐坤向艮

坐丑向未　坐壬向丙

旺丁不旺財方位

坐子向午　坐癸向丁　坐寅向申　坐艮向坤
坐未向丑　坐丙向壬

八運——二零零四年至二零二三年

旺財旺丁方位

坐未向丑　坐丑向未　坐亥向巳　坐巳向亥
坐巽向乾　坐乾向巽

損財傷丁方位

坐戌向辰　坐辰向戌　坐申向寅　坐寅向申
坐坤向艮　坐艮向坤

旺財不旺丁方位

坐丙向壬　坐庚向甲　坐癸向丁　坐子向午
坐乙向辛　坐卯向酉

旺丁不旺財方位

坐壬向丙　坐甲向庚　坐丁向癸　坐午向子
坐酉向卯　坐辛向乙

九運——二零二四年至二零四三年

旺財旺丁方位

無

損財傷丁方位

無

旺財不旺丁方位

坐午向子　坐酉向卯　坐巽向乾　坐坤向艮
坐申向寅　坐巳向亥　坐辛向乙　坐丁向癸
坐戌向辰　坐丑向未　坐甲向庚　坐壬向丙

旺丁不旺財方位

坐子向午　坐卯向酉　坐乾向巽　坐艮向坤
坐寅向申　坐亥向巳　坐乙向辛　坐癸向丁
坐辰向戌　坐未向丑　坐庚向甲　坐丙向壬

一運——二零四四年至二零六三年

旺財旺丁方位

無

損財傷丁方位

無

旺財不旺丁方位

坐子向午　坐卯向酉　坐乾向巽　坐艮向坤

坐寅向申　坐亥向巳　坐乙向辛　坐癸向丁

坐辰向戌　坐未向丑　坐庚向甲　坐丙向壬

旺丁不旺財方位

坐戌向辰　坐丑向未　坐甲向庚　坐壬向丙

坐午向子　坐酉向卯　坐巽向乾　坐坤向艮

坐申向寅　坐巳向亥　坐辛向乙　坐丁向癸

二運——二零六四年至二零八三年

旺財旺丁方位

坐乾向巽　坐巽向乾　坐巳向亥　坐亥向巳
坐丑向未　坐未向丑

損財傷丁方位

坐艮向坤　坐坤向艮　坐寅向申　坐申向寅
坐辰向戌　坐戌向辰

旺財不旺丁方位

坐午向子　坐酉向卯　坐辛向乙　坐丁向癸
坐甲向庚　坐壬向丙

旺丁不旺財方位

坐子向午　坐卯向酉　坐乙向辛　坐癸向丁
坐庚向甲　坐丙向壬

三運——二零八四年至二一零三年

旺財旺丁方位

坐酉向卯　坐乙向辛　坐辛向乙　坐辰向戌
坐戌向辰　坐卯向酉

損財傷丁方位

坐乾向巽　坐巽向乾　坐巳向亥　坐亥向巳
坐甲向庚　坐庚向甲

旺財不旺丁方位

坐子向午　坐艮向坤　坐寅向申　坐癸向丁

坐未向丑　坐丙向壬

旺丁不旺財方位

坐午向子　坐坤向艮　坐申向寅　坐丁向癸

坐丑向未　坐壬向丙

四運——二一零四年至二一二三年

旺財旺丁方位

坐艮向坤　坐坤向艮　坐寅向申　坐申向寅

坐甲向庚　坐庚向甲

損財傷丁方位

坐卯向酉　坐酉向卯　坐乙向辛　坐辛向乙
坐丑向未　坐未向丑

旺財不旺丁方位

坐午向子　坐乾向巽　坐亥向巳　坐丁向癸
坐辰向戌　坐壬向丙

旺丁不旺財方位

坐子向午　坐巽向乾　坐巳向亥　坐癸向丁
坐戌向辰　坐丙向壬

五運——二〇〇四年至二〇二三年

旺財旺丁方位

坐子向午　坐午向子　坐卯向酉　坐酉向卯
坐乙向辛　坐辛向乙　坐丁向癸　坐癸向丁
坐辰向戌　坐戌向辰　坐丑向未　坐未向丑

損財傷丁方位

坐寅向申　坐申向寅　坐巳向亥　坐亥向巳
坐乾向巽　坐巽向乾　坐艮向坤　坐坤向艮
坐甲向庚　坐庚向甲　坐壬向丙　坐丙向壬

旺財不旺丁方位

無

旺丁不旺財方位

無

六運——二〇四四年至二〇六三年

旺財旺丁方位

坐艮向坤　坐坤向艮　坐寅向申　坐申向寅
坐甲向庚　坐庚向甲

損財傷丁方位

坐卯向酉　坐酉向卯　坐乙向辛　坐辛向乙
坐丑向未　坐未向丑

旺財不旺丁方位

坐子向午　坐巽向乾　坐巳向亥　坐癸向丁
坐戌向辰　坐丙向壬

旺丁不旺財方位

坐午向子　坐乾向巽　坐亥向巳　坐丁向癸
坐辰向戌　坐壬向丙

七運——二〇〇四年至二〇二三年

重複循環一九八四年至二零二三年吉凶方位圖，再下去之八運、九運皆依此類推。

定財位、凶位、桃花位、穩陣位

家居風水以桃花位、凶位、財位為最需要注意的位置，其次為穩陣位。

桃花位

桃花位又叫人緣位，除了對未婚男女有用之外，對已婚者或小孩都有幫助。桃花位不單利於結識異性，亦能對人際關係產生正面作用，尤其是閣下如從事需要經常接觸不同群眾之工作，效果更為明顯。所以，桃花位在辦公室風水格局中，最適宜供老闆或一些需要接觸新客戶之部門使用。

在住屋方面，桃花位作為書房或孩子房最為合適，因小孩有桃花，在學校就會受歡迎，這樣不僅能令他們上學時較開心，還能增加學習樂趣。唯一不適宜的，就是桃花位作為主人房，尤其是對於從事案頭工作、不須常常接觸客戶之宅主人夫婦，更不適宜，因為增加桃花旺只會引致婚外情而令夫妻爭吵。

財位

財位又叫健康位。事實上，就算一宅之風水再怎麼壞、身體再怎麼不好，睡在財位內都能產生正面的作用。

在辦公室內，財位最適宜作為找生意的部門或老闆座位；而在家居內，當然最適宜作主人房或給身體較差的家庭成員使用。

另外，財位可放大葉植物、魚等有生命的生物，藉以催動財氣，收增財之效。同時，亦可擺放貴重物件，會有聚財的作用。至於最不適宜的，就是財位作儲物櫃，更差者為廁所，皆主不能聚財。

凶位

凶位為病位、爭吵位、犯錯位。如兩夫妻睡在凶位，會常常吵架、生病；如坐在辦公室之凶位，則做事時常出錯，且容易引致疾病，最終飯碗不保；至於老闆如坐在凶位，便主脾氣不佳，常常罵員工。

所以，凶位只能作擺放文件或廁所之用；至於最凶者是在廚房，主常生疾病，屢醫無效，必須用風水之法去化解，而最簡單的方法，就是在凶位放一個天然葫蘆瓜乾去鎮壓病氣。

穩陣位

穩陣位則穩穩陣陣，無驚無險，在辦公室最宜作為已屆退休之齡但仍要上班的老闆座位；如在家居的話，則任何家庭成員皆可用此位置。

如何尋找財位、桃花位、凶位？

勘察風水的首要之事，是找出屋中之財位、桃花位、凶位、穩陣位，然後按宅主人之需要而作出適當之佈局，從而善用桃花位（亦即人緣位）、財位，並適當處理凶位。

吉凶位置

第一步，我們要知道如何找出以上之吉凶位置。為使各位讀者易於掌握，現把不同方向之財位、凶位、桃花位及穩陣位之位置列圖如下：

大門向南

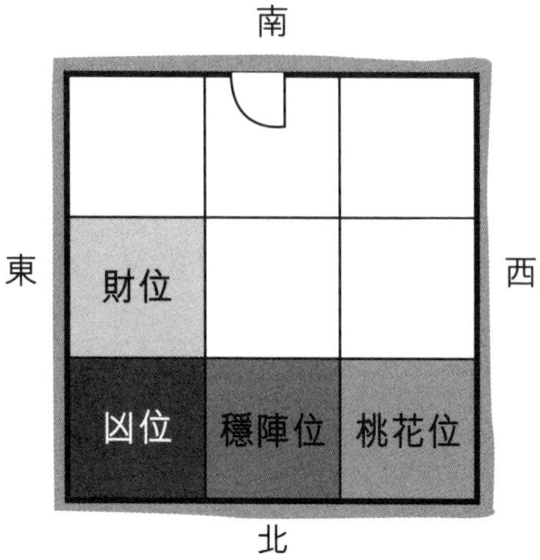

大門向正南，桃花位在西北，
財位在正東，凶位在東北。

大門向西南

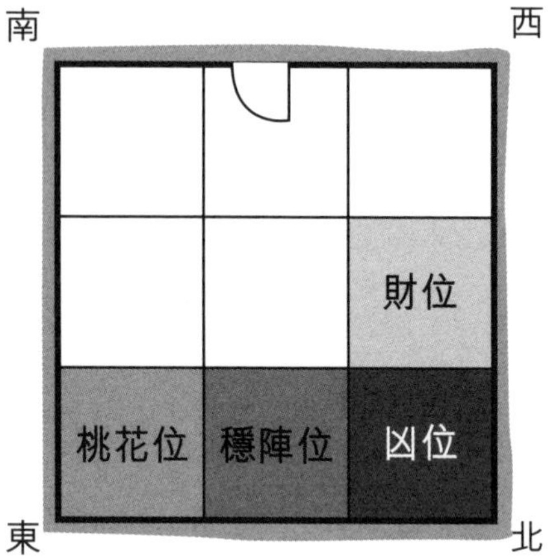

大門向西南，桃花位在正東，
財位在西北，凶位在正北。

大門向西

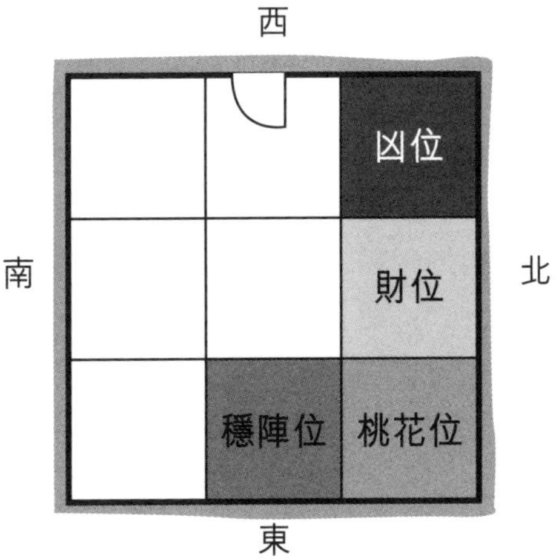

大門向正西，桃花位在東北，
財位在正北，凶位在西北。

大門向西北

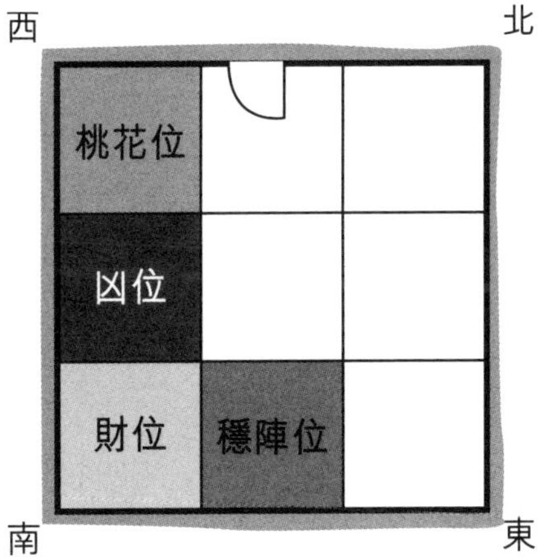

大門向西北，桃花位在正西，
財位在正南，凶位在西南。

大門向北

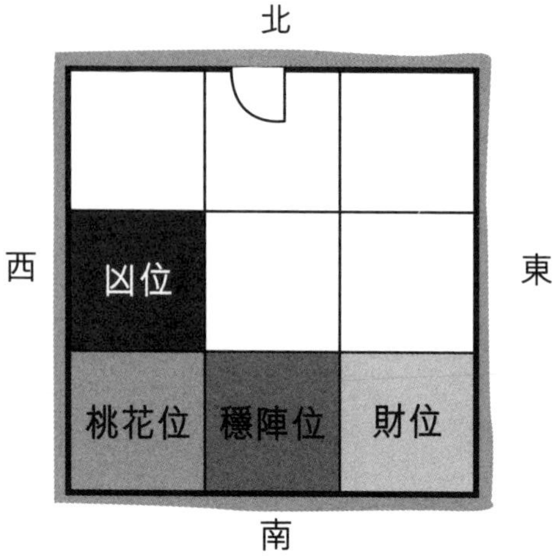

大門向正北，桃花位在西南，
財位在東南，凶位在正西。

大門向東北

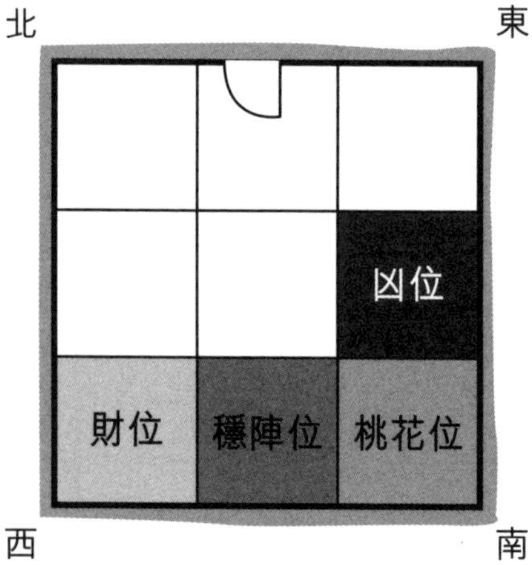

大門向東北，桃花位在正南，
財位在正西，凶位在東南。

大門向東

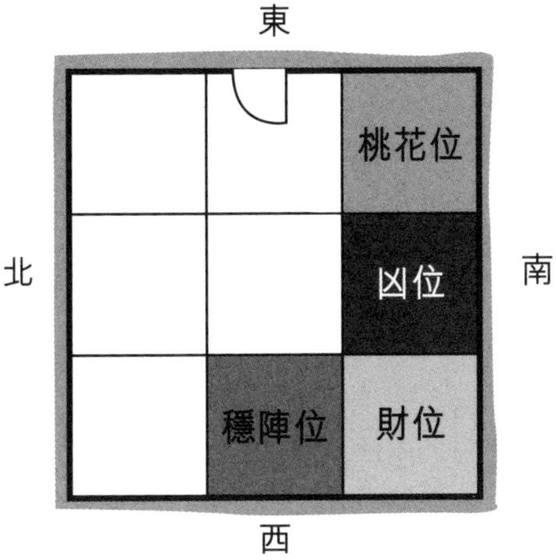

大門向正東，桃花位在東南，
財位在西南，凶位在正南。

大門向東南

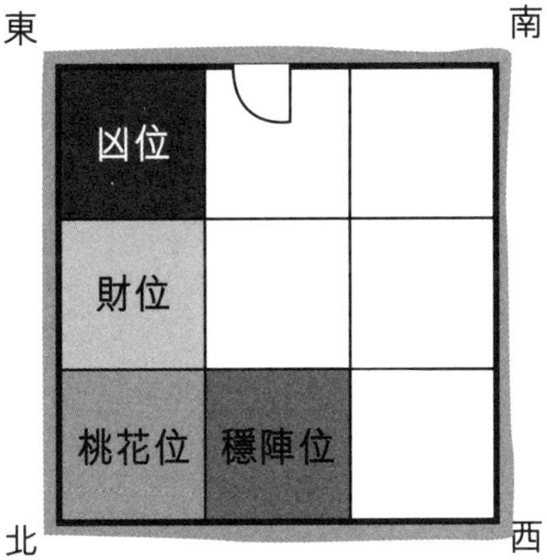

大門向東南，桃花位在正北，
財位在東北，凶位在正東。

基本佈局——催財、聚財、旺身體、化病、化爭吵

找出每宅之吉凶位置以後，便要進行風水佈局，除了要在財位放大葉植物或錢箱聚財、在凶位放葫蘆化病、化爭吵外，當然少不了催財及旺人丁、身體。

催財

一般在大門入口位置放任何水加上有生命的生物，如魚或水種植物皆能起催財之用。不過，水柱、水波簾、風水球、風水輪等物件即使有水流動，卻因欠缺生命而難以產生風水的催財作用。

聚財

在財位放大葉植物、錢箱、夾萬，皆能起聚財的作用。但如果財位剛好在家中或辦公室中的廁所位置，這樣便難以發揮聚財的作用。

如閣下之居室、辦公室風水不錯的話，則問題不大，因風水好的居所，進財不

會有問題，如不能聚財，亦可以把手頭現金用作投資或購買不動產，這樣同樣可以達到聚財的作用。

化爭吵、化病

家中凶位為病位、爭吵位，如睡房在病位會常見爭吵或易生疾病，雖然問題並非太過嚴重，但往往會因找不出病因而不能根治疾病；如凶位在廚房則更為嚴重，又凶位在不同方位會引致不同部位之疾病，尤以在廚房最為應驗，如凶位在：

正東——手腳、肝膽毛病

東南——手腳、股、肝膽毛病

正南——心、眼、皮膚、血液循環毛病

西南——腹部、腸胃毛病，易見便秘

正西——肺、骨、口、舌之毛病

西北——肺、骨、頭之毛病

正北——腎、膀胱、泌尿系統毛病

東北——腹部腸胃之毛病（易見腹瀉）

化解之法，就是在灶底或睡牀牀底放一個天然葫蘆瓜乾，再在爐底放一張鮮黃色卡紙自能藥到病除。如欲旺人丁、身體的話，可在家中穩陣位放一顆大圓石春，又石春表面宜平滑，以雙掌合碰之大小為佳，這樣便能生起穩定人緣及健康之效，而對做生意者更能起到旺客人的作用。

佈局例子

一・大門向南——財位在正東，凶位在東北，桃花位在西北，穩陣位在正北。

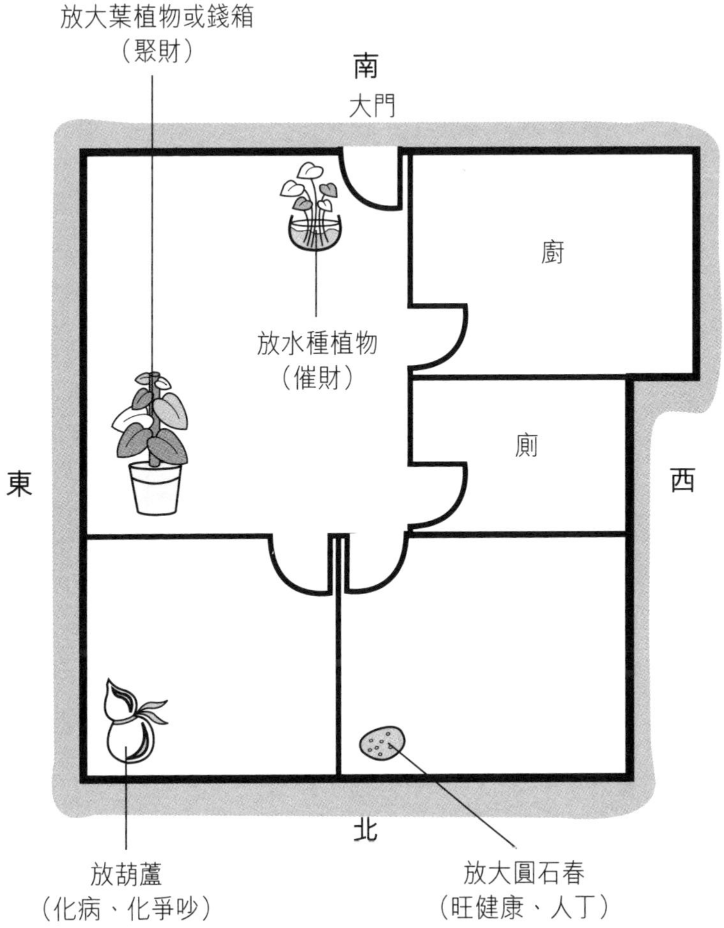

最簡單的兩房間格

二．大門向西北——

財位在正南，凶位在西南，桃花位在正西，穩陣位在東南。

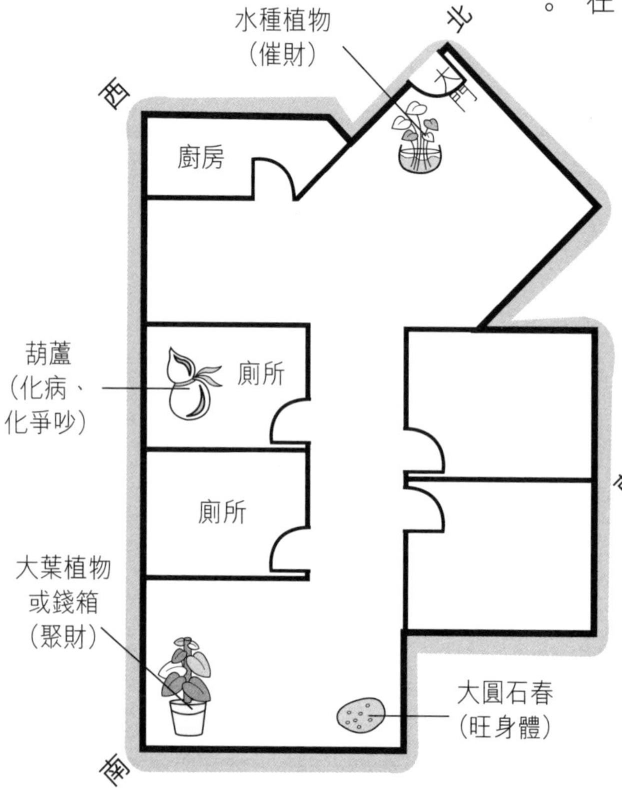

* 因此局為鑽石形，全屋間隔四正，唯大門偏側，故大圓石春仍放於屋之底部中間位置。

鑽石形間格

三．大門在正西——

財位在正北，凶位在西北，桃花位在東北，穩陣位在正東。

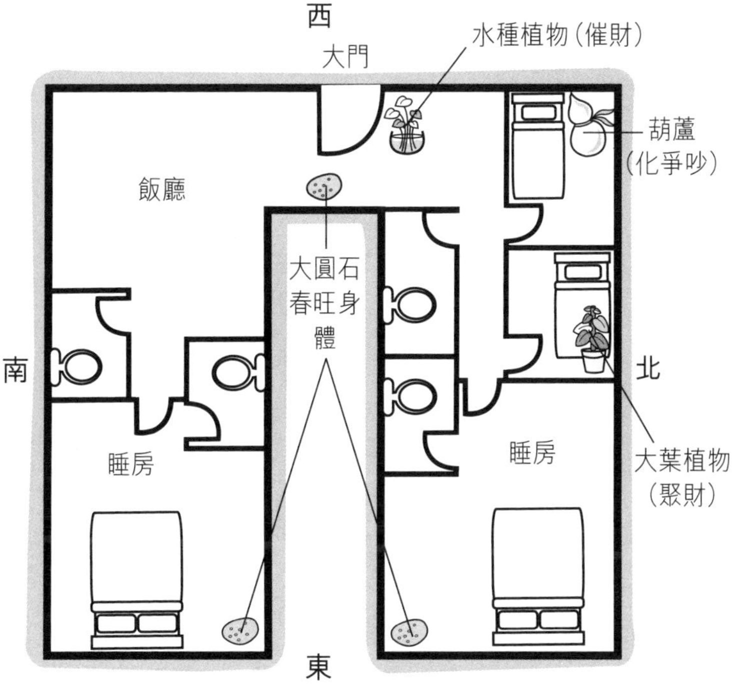

* 因此局缺了穩陣位，宅運較不穩定，
又形狀似啞鈴，宅中人會較操勞。

啞鈴形間格

四．大門向西南——

財位在西北，凶位在正北，桃花位在正東，穩陣位在東北。

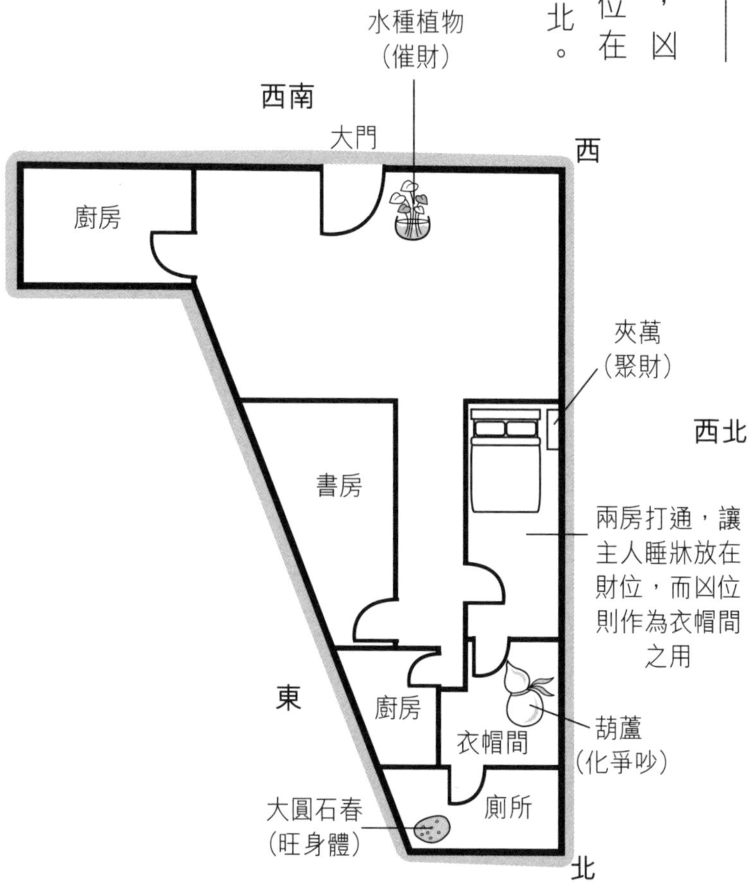

* 因此局缺了桃花位，故不利人緣、桃花。

三角形間格

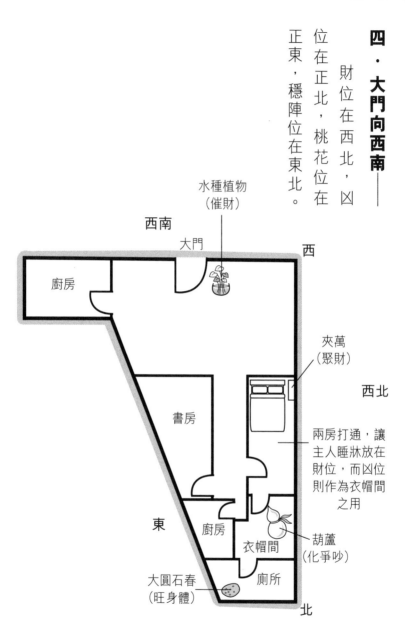

流年飛星佈局，催財、化病、催桃花、人緣、文昌

每年之流年飛星，有其每年之病位、桃花位、財位及文昌位，故只要能找出此四個位置，便可以進行佈局。雖然每年之吉凶位置有所不同，但每九年為一個小循環，故在此提供九個年份不同之吉凶方位後，各位可於九年以後再重複回到第一個吉凶方位圖，重新加以佈局。雖然九宮飛星每二十年轉一個地運，一百八十年為一個大循環，但每年流年所主之吉凶星因其氣流動不止，故應事最急，若能化解及把握每年之吉凶位置，自會得到不錯的效果。至於本篇首先要講解的，是每年飛星之吉凶代表，又每年之飛星主要由一至九這九個數字組成，但這九個數字並非數字，只是每顆星之代表而已。

一為一白水，代表桃花、官星；

二為二黑土，代表疾病；

三為三碧木，代表爭鬥；

四為四綠木，代表文曲、文昌；

五為五黃土，代表病毒、毒症；
六為六白金，為將星、權星；
七為七赤金，為賊星；
八為八白土，為左輔星、財星；
九為九紫火，為右弼星、喜慶星。

催財

認識了九星之代表後，便要找出財星，雖然八白土為財星，但最重要還是看當不當運，因為以當運之星作為催財星最為有效——也就是說，七運之時，以每年七赤星飛到的位置催財；八運時，則以每年八白星飛到的位置催財；至九運時，就以九紫星飛到的位置催財。

現為下元八運，所以由二〇〇四年至二〇二三年皆以八白為財星，我們可以在每年之八白土位置放一個動水去催財，如魚缸或水種植物。

化病

二黑、五黃為每年之病位，只要處理得宜，便可把每年之疾病問題減至最輕。

化解二黑、五黃之法，最簡單有效之物為音樂盒，因化解五黃、二黑時需要借助金屬發聲物件如風鈴、銅鈴、鑰匙、音樂盒、灰布下放銅片等以生起作用，但最方便莫如放音樂盒，因其引動發條以後，便能產生一連串之金屬撞擊聲響，比其他物件如風鈴等更為方便有效。所以，各位可就每年的五黃、二黑位置選用其中一樣或全部金屬發聲物件，化解病符所帶來的疾病效應。

催桃花、人緣

每年之一白位置既為官星，亦為桃花，故在每年之一白位置放一杯水，水旁邊放一個音樂盒，都能催動桃花；至一白水當運時，此法更有催旺官星、文昌之作用。

催文昌

每年之四綠為文昌、文曲之位置，如再加上一白，便成為一四同宮——一為官星，四為文曲星，一四同宮成為發科名之星，大利讀書考試。

不過，每間屋的狀況不同，一與四不一定在同一個位置，而最簡單有效的方法，就是在每年流年飛星之一四位置布陣，催旺文昌考試——在每年之一白水位置放四盆植物、四綠木位置放一杯水，或單純在四綠位置放四枝富貴竹亦可。

為使各位易於明白且能簡單運用，現把最近之九年飛星排列如下：

二〇二〇年飛星圖及其佈局

此年八白財星在西北方，可在此方放一杯水催旺財星。

南

	6	2	4	
東	5	7	9	西
	1	3	8	

北

二〇二〇年飛星圖

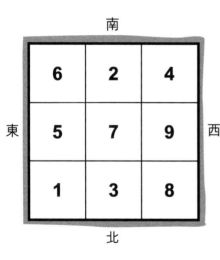

二黑、五黃分別在正南及正東方，可在此兩方放金屬發聲物件化解病星。

一白桃花在東北方，可在此方放一杯水及一個音樂盒催旺桃花、人緣。

四綠文昌星在西南方，可在此方放四枝富貴竹催旺文昌考試。

二〇二一年飛星圖及其佈局

此年八白財星在正西方，可在此方放一杯水催旺財星。

二黑、五黃分別在正北及東南方，可在此兩方放金屬發聲物件化解病星。

		南		
	5	1	3	
東	4	6	8	西
	9	2	7	
		北		

二〇二一年飛星圖

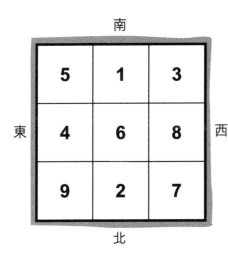

一白桃花在正南方，可在此方放一杯水及一個音樂盒催旺桃花、人緣。

四綠文昌星在正東方，可在此方放四枝富貴竹催旺文昌考試。

二〇二二年飛星圖及其佈局

此年八白財星在東北方，可在此方放一杯水催旺財星。二黑、五黃分別在西南及中宮，可在此兩方放金屬發聲物件化解病星。一白桃花在正北方，可在此方放一杯水及一個音樂盒催旺桃花、人緣。四綠文昌星在東南方，可在東南方放四枝富貴竹催旺文昌考試。

南

	4	9	2	
東	3	5	7	西
	8	1	6	

北

二〇二二年飛星圖

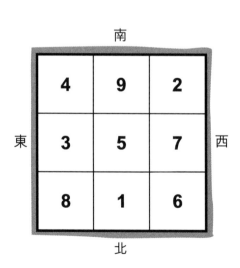

二〇二三年飛星圖及其佈局

此年八白財星在正南，可在正南方放一杯水催財；二黑、五黃分別在正東及西北，可在此兩方放金屬發聲物件化解病星；一白桃花在西南，可放一杯水及音樂盒催桃花、人緣；四綠文昌星在中宮，可在全局中宮放四枝富貴竹催文昌考試。

		南		
	3	8	1	
東	2	4	6	西
	7	9	5	
		北		

二〇二三年飛星圖

二〇二四年飛星圖及其佈局

此年八白財星在正北方，可在正北方放一杯水催財；二黑、五黃分別在東南及正西方，可在此兩方放金屬發聲物件去化解病星；一白桃花在正東，可在此方放一杯水及一個音樂盒催桃花、人緣；四綠文昌星在西北方，可在此方放四枝富貴竹催旺文昌考試。

南

	2	7	9	
東	1	3	5	西
	6	8	4	

北

二〇二四年飛星圖

二〇二五年飛星圖及其佈局

此年八白財星在西南方，可在西南方放一杯水催財。

二黑、五黃分別在中宮及東北方，可在此兩方放金屬發聲物件化解病星。

一白桃花在東南方，可在東南方放一杯水及一個音樂盒催旺桃花、人緣。

四綠文昌星在正西，可在正西方放四枝富貴竹催旺文昌考試。

		南		
	1	6	8	
東	9	2	4	西
	5	7	3	
		北		

二〇二五年飛星圖

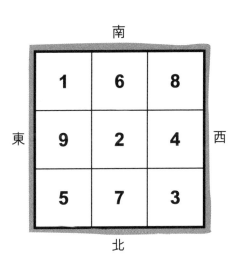

二〇二六年飛星圖及其佈局

此年八白財星在正東方，可在此方放一杯水催旺財星。

二黑、五黃分別在西北及正南方，可在此兩方放金屬發聲物件化解病星。

一白桃花在中宮，可在中宮位置放一杯水及一個音樂盒催旺桃花、人緣。

四綠文昌星在東北，可在此方放四枝富貴竹催旺文昌考試。

		南		
	9	5	7	
東	8	1	3	西
	4	6	2	
		北		

二〇二六年飛星圖

二〇二七年飛星圖及其佈局

此年八白財星在東南方，可在東南方放一杯水催財。

二黑、五黃分別在正西及正北方，可以在此兩方放金屬發聲物件化解病星。

一白桃花在西北方，可在此方放一杯水加一個音樂盒催旺桃花、人緣。

四綠文昌星在正南方，可在正南方放四枝富貴竹催旺文昌考試。

南

	8	4	6	
東	7	9	2	西
	3	5	1	

北

二〇二七年飛星圖

二〇二八年飛星圖及其佈局

此年八白財星在中宮，可在中宮放一杯水催財。

二黑、五黃分別在東北及西南方，可在此兩方放金屬發聲物件化解病星。

一白桃花在正西方，可在此方放一杯水及一個音樂盒催旺桃花、人緣。

四綠文昌星在正北方，可在此方放四枝富貴竹催旺文昌考試。

二〇二九年之飛星圖與二〇二〇之飛星圖一樣，同樣為七在中宮，其他各吉凶位置相同，而二〇三〇年之飛星圖與二〇二一之飛星圖一樣，同樣為六入中宮，其他各星吉凶位置相同。

南

7	3	5
6	8	1
2	4	9

東（左） 西（右）

北

二〇二八年飛星圖

風水配以個人命格佈局

命格大致可分為寒命、熱命、平命三種，但再細分的話，可分為春天出生之平命及秋天出生稍寒之平命。寒命及秋天出生之稍寒命皆以木火為用，熱命及春天出生之平命則以金水為用。為使讀者易於明白，現詳列如下：

寒命及稍寒命（生於西曆八月八日立秋以後至十一月七日立冬之前稍寒命，十一月七日立冬後至三月六日驚蟄以前的寒命）

顏色宜——青、綠、紅、橙、紫

顏色忌——白、金、銀、黑、灰、藍

方向宜——牀頭宜東、東南、南、西南，寫字枱則宜望東、東南、南、西南

方向忌——西、西北、北、東北

以上顏色只要配合地磚、牆身、窗簾顏色便可，而廚房、廁所、梳化、櫃及一切小擺設則毋須樣樣配合。

寒命人牀頭宜位

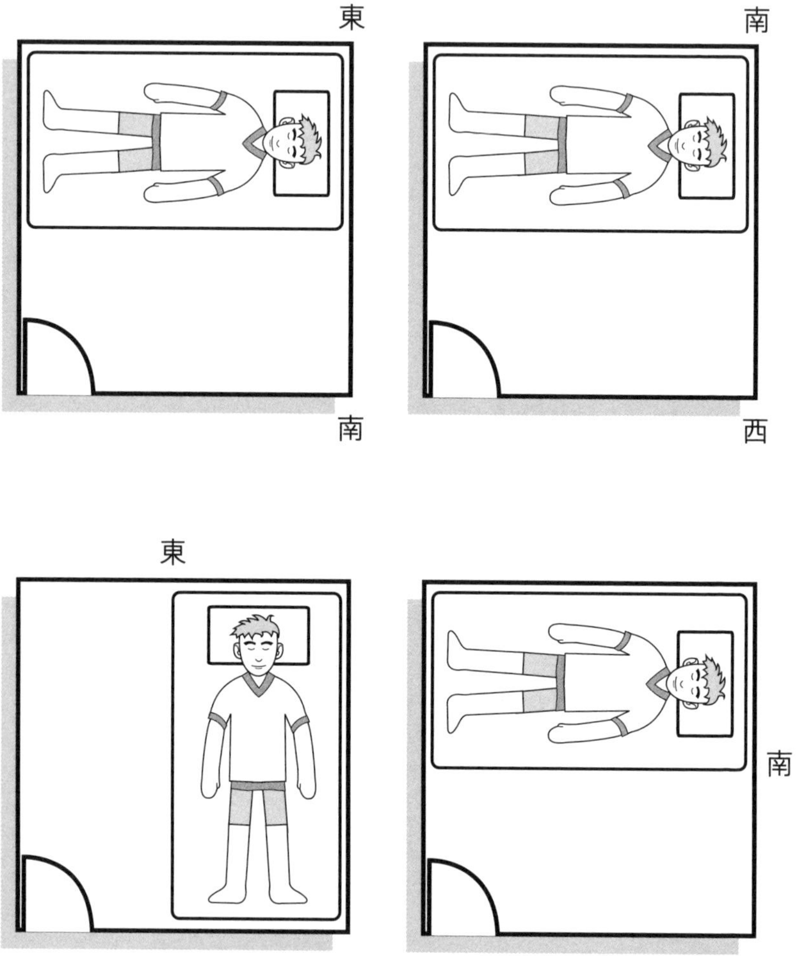

平命及熱命（生於西曆三月六日驚蟄以後至五月六日立夏之前平命，五月六日立夏之後至八月八日立秋以前熱命）

顏色宜——白、金、銀、黑、灰、藍

顏色忌——青、綠、紅、橙、紫

方向宜——西、西北、北、東北

方向忌——東、東南、南、西南

以上顏色只要配合地磚、牆身、窗簾顏色便可，而廚房、廁所、梳化、櫃及一切小擺設則毋須樣樣配合。

平命及熱命人牀頭宜位

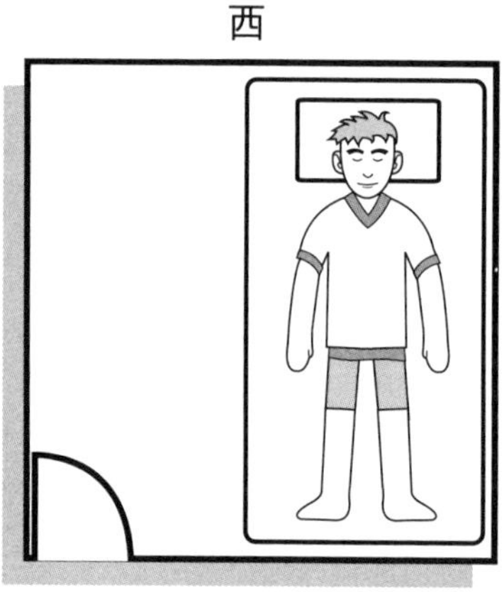

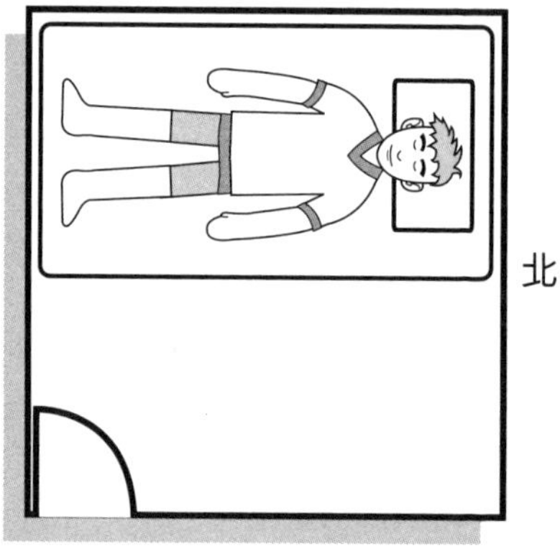

中性顏色

米色、黃色、啡色為中性顏色，如家中或房中居住者剛好一為寒命人，一為熱命及平命人，顏色無法互相配合，則可採用米、黃、啡等顏色去平衡，但這種做法只是對雙方無害，並無益處。因此，兩人中如有一人收入不穩定，則顏色以配合收入不穩者作用較大，另外亦可配合身體狀況較差的一方。

顏色不配怎麼辦

如已經入伙並住進房子，實在無法再大興土木去更改顏色，那麼亦可從家居佈置如掛畫、地氈、窗簾等東西入手，盡量配合，待有機會重新裝修時再採用有利自己的顏色。

牀頭不對怎麼辦

牀頭方向在許可的情況下，應配合有利自己的方位，但如不許可，則以風水佈局之牀位方向為先（詳請參閱筆者另一本著作《風水天書》之「睡牀風水」一篇）。

其他

其他尚要注意的為辦公室顏色、招牌顏色、名片顏色及汽車顏色，至於染髮顏色如只維持短暫時間的話，則顏色不配合亦無關係，但如長期染髮的話，就最好染適合自己的顏色了。

衣著方面

毋須配合，但如出席一些重要場合的話，則略為配合亦可。也就是說，假如閣下是寒命人的話，無必要每天都穿上青、綠、紅、橙、紫那麼花枝招展。

第二章

風水問答與小貼士

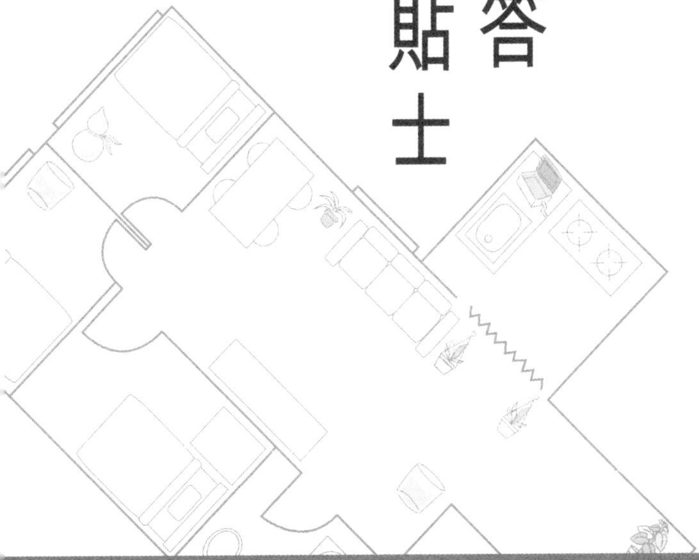

家在凹入位，陰重陽輕招疾病

陳太居住於港島東區清風街一座單幢式大廈之低層單位，一梯一伙，面積約五百一十平方呎，三房一廳。

問：自從九七年年底入住以後，便禍不單行，一家四口又病又傷，家宅不寧，故來信求教，到底家宅出了甚麼問題？

答：觀乎此宅，問題有四：首先，此局位於行車天橋旁邊，單位高度與天橋相若，且距離又近，犯了鐮刀煞，易見人口損傷。

另外，陳宅位於橫街窄巷，人流不多，陽氣不夠，且此宅處於凹入之位，陰氣更重，成孤陰不生之局。

再來就是此局坐向不佳，坐庚向甲（坐西偏西南，向東偏東北），七運為損財傷丁之局。

最後，宅中男主人喜歡亂買風水擺設，他把一對獅子放於櫃上，獅頭向着自己之睡牀，更是犯了大忌。

基於以上種種原因，居住在此宅之人才會常常生病，財運不佳，男主人更無故有損傷手術。

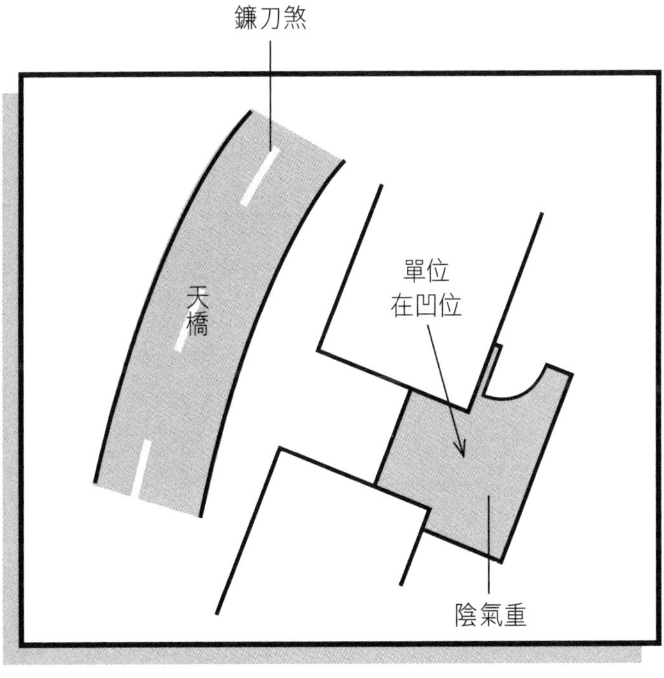

陳宅之格局

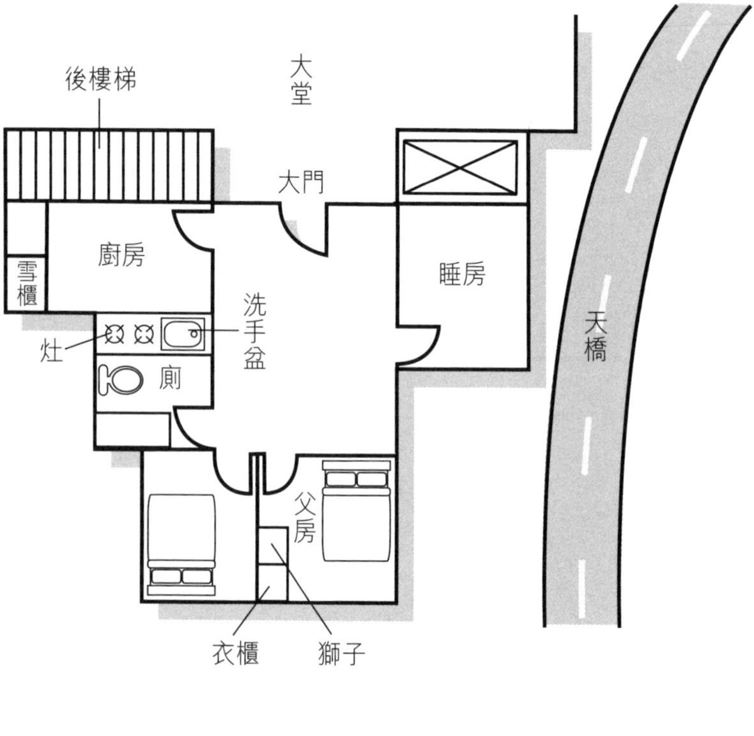

屋中吉凶位置

大門向東偏東北（67.5-82.5度）
（坐庚向甲）

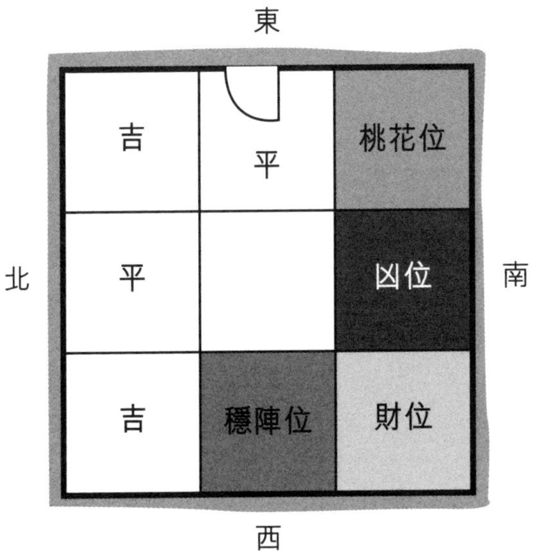

二零零四年前不旺財不旺丁
二零零四至二零二三年旺財不旺丁

補救辦法

（一）放植物在窗旁遮擋或放一塊磨刀石，化解窗外之鐮刀煞。

（二）陰氣重，盡量把室內光線調得光亮一些。

（三）擺設風水佈局，助旺財星、身體、人緣，再放特別旺身體之物件以保身體健康。

（四）將宅主人亂放的風水物件棄掉，而把原本向着睡牀的獅子移至窗前，作為擋天橋煞之用。

更改後之格局

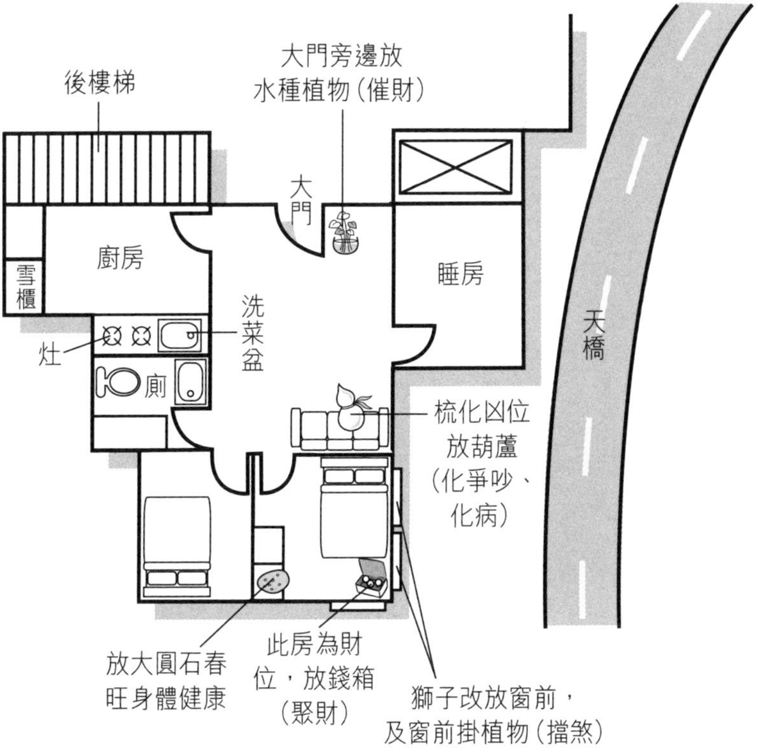
大門旁邊放
水種植物（催財）
後樓梯
大門
廚房
雪櫃
睡房
洗菜盆
灶
廁
天橋
梳化凶位
放葫蘆
（化爭吵、
化病）
放大圓石春
旺身體健康
此房為財
位，放錢箱
（聚財）
獅子改放窗前，
及窗前掛植物（擋煞）

住宅對正醫院、警署，影響家人身體、財運

李宅位於柴灣怡盛街，為一幢樓齡達二十六年之樓宇，間隔為兩房一廳。

問：居住在此單位之女主人近年運程屢見阻滯，身體亦出現多處痛症，如心口骨位、腰、膝蓋、腳跟和頸椎位等，看了大半年醫生，仍未痊癒，故擔心是否家居風水出了問題。

答：李宅的家居有四大風水問題：

（一）窗外近距離直望警署及醫院，對情緒及身體皆有不良的影響。

（二）住宅臨近地鐵路軌，列車經過時所發出的聲音會形成聲煞，引致精神不能集中，情緒出現不穩。

（三）大門對廚房門，容易生病，屢醫無效。

（四）戶主太過迷信，在家裏放了玉葫蘆、銅錢、玉麒麟、銅鈴、文昌塔、門神、財神等一大堆物品，既不美觀，亦無改善風水之效。

李宅之格局

* 大門對廚房，最不利者為長年在廚房煮食之女主人。

補救方法

（一）此屋近距離對着警署、醫院，宜於窗前放植物遮擋，亦可在窗門上貼反光玻璃紙，將煞氣反射出去。

（二）住宅附近長期發出讓人聽了不舒服的聲音，已經犯了聲煞，但此煞無法抵擋，唯一辦法是長期關上窗戶，利用室內空調調節空氣。

（三）大門對廚房為風水大忌，宜在大門及廚房之間放屏風或高身多葉植物。

（四）把沒用的風水物件棄掉，保持家居整潔。

（五）主人房睡牀牀頭置於開門位置並不理想，容易引致情緒不穩，宜把牀頭轉至另一方向。

更改後之格局

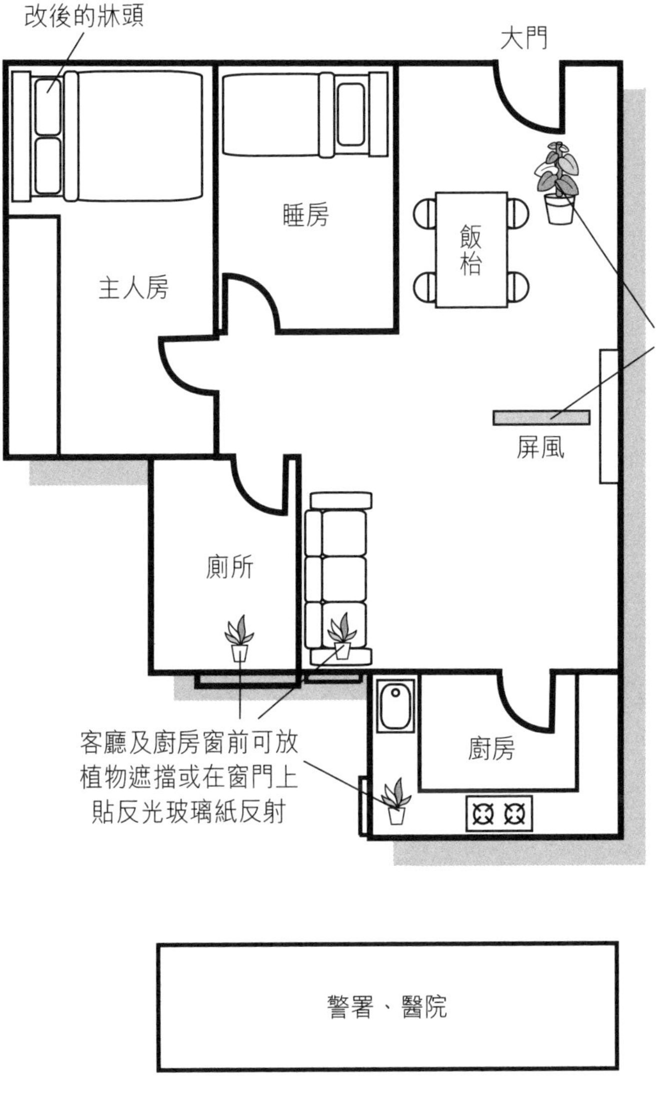
改後的牀頭
大門
睡房
飯枱
主人房
大門沖廚房，可放高身植物或屏風遮擋
屏風
廁所
客廳及廚房窗前可放植物遮擋或在窗門上貼反光玻璃紙反射
廚房
警署、醫院

窗外動土，影響財運、健康

李宅位於鑽石山蟠龍苑，面積五百平方呎，兩房一廳，戶主為二十八歲之李小姐。

問：李小姐任職服務行業，工作運一向不錯，但近兩年運程不濟，常有人事問題及破財之事，往往只能逆來順受；而丈夫則健康不佳，常常生病，生意亦見倒退，有何解救？

答：此宅坐南大門向北，為旺財之局，唯李小姐生於夏天，命格要水忌火，一九九八年入伙之後至二零零零年皆為火重之年，對運程難免有不利的影響；加上窗外有大地盤在動土，雖然距離較遠，但因地盤之動土範圍很大，且直接望見，故對宅內人的身體及生意皆有不良影響。

李宅之格局

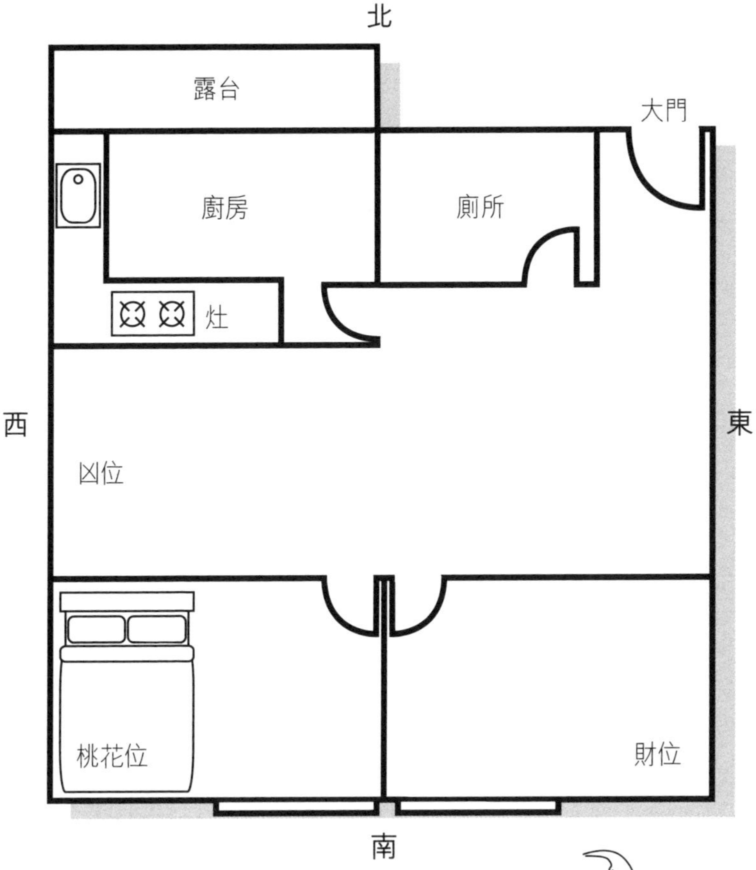

（窗外動土）

補救方法

（一）李小姐生於夏天，以火為忌，一九九八年至二零零三年為木火流年，運程不濟，須待至二零零四年後金水進氣，運程才會變得通順，唯運至二零零九年止。而二零一零至二零一五年為木火流年，運程又會慢下來。而二零一六至二零二一年又再進入金水流年。

（二）窗外地盤動土，可放五行化動土局化解。

（三）睡房以外的另一間房間為財位，故可改變睡房的位置，睡在財位，以助旺身體健康，改善財運。

（四）睡牀位置不對，即使不改用另一間睡房，亦要把牀頭調至另一方向。

更改後之格局

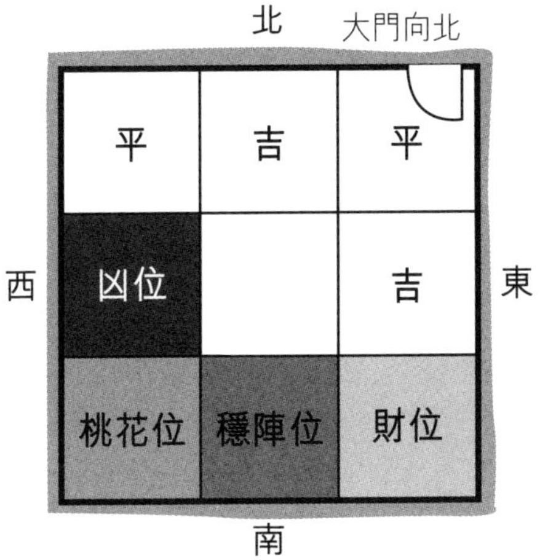

家中吉凶位置圖

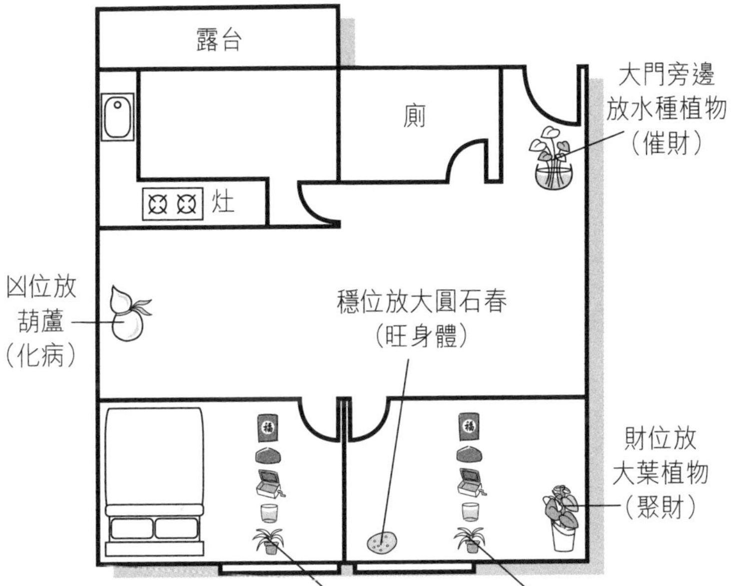

動土位在西南方，可放五行化動土局化解：先放植物擋煞，然後依次在後面放水、音樂盒、石頭、紅色物件。因兩個房間皆見動土，所以兩個房間皆要放置。

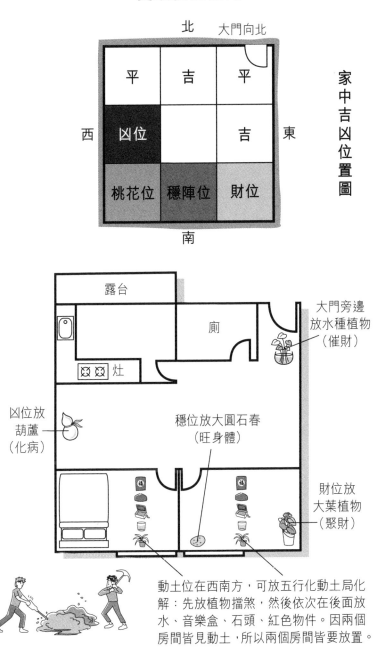

催財、聚財放魚缸

張先生家住葵興地鐵站側。

問：張先生欲知今年財運如何，又屋中擺放了兩個魚缸，未知位置是否得宜？

答：此局坐東，大門向西但偏西北，為坐辰向戌，二零零四年前七運入伙本為旺財旺丁之局，但可惜全屋財位在廁所，有破財漏財之象，意味着屋主賺錢容易，但「散錢」也快。還幸此宅臨近地鐵站，又地鐵站如同龍脈，屋宅愈近地鐵站，家運愈佳，可加分。總體來説，此宅有八十分。

魚缸廚房不相容

屋主於大門前放了兩個魚缸，本有催財之效，但魚缸不宜正對廚房門，因廚房屬火，魚缸屬水，水火不相容，會有相沖之弊，易見爭吵、疾病，要移到不對廚房門的位置。

張宅之格局

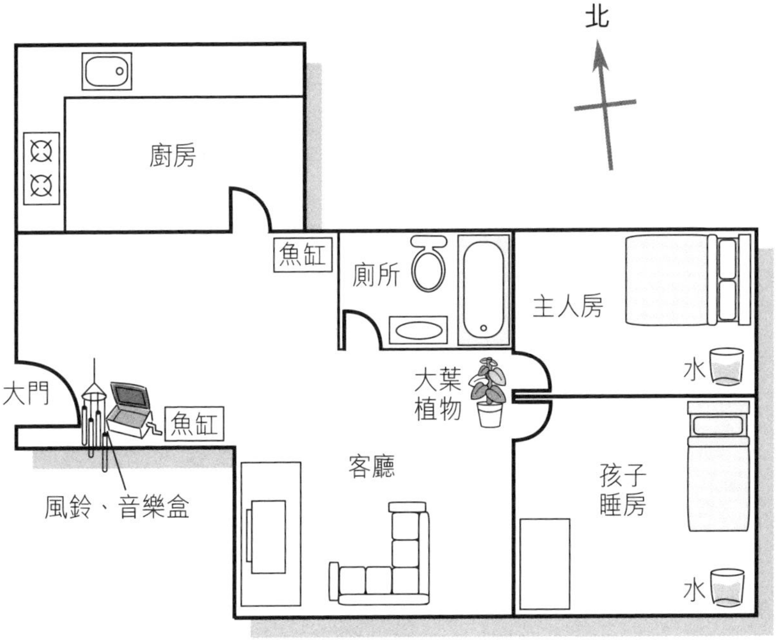

改運法（一）：掛風鈴化病為財

大門向西，乃二零零九年之細病位，宜掛風鈴於大門門柄，或在大門旁邊有風吹到的位置放音樂盒，切記經常扭動發條，使之發出金屬撞擊嚮聲，蓋因病星屬土，音樂盒屬金，土生金，放這些物件在屋內，能化去病氣，引財入屋。

改運法（二）：放錢箱防漏財

廁所為財位，有漏財之象，宜放大葉植物如萬年青及錢箱聚財，又錢箱內要放一些錢才可以。

改運法（三）：東位有水引財入

二零零九年流年財位在東南，當運位在正東，宜在這兩個位置各放一杯水催財。

裝修、掘路、起樓，引病星入屋

Vanessa 任職飲食業，現居筲箕灣。

問：我家窗口對出位置最近有地盤動工，需不需要擺個風水陣？

答：只要備妥五種簡單物件，就能化解動土煞。

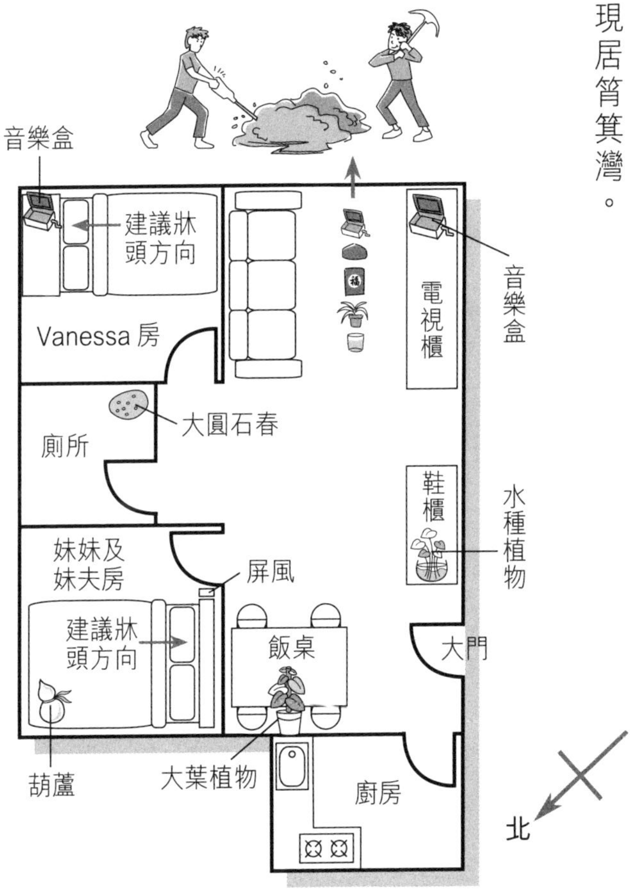

動土煞是所有煞氣中最嚴重的，從建築地盤、掘地工程、外牆維修以至對戶裝修，都可列為動土煞，又動土面積愈大，煞氣便愈強。若動土位置剛好在流年太歲位（二零一二年太歲位在東南）、三煞位（正南）、五黃位（東南）及二黑位（正北），影響便會加劇。

病位動土更嚴重

Vanessa的住宅附近有地盤當然並非好事，而且又剛巧是流年二零一二年之五黃位（東南），對全屋人的健康皆不利，尤其Vanessa的睡房本身已近東南的流年大病位，加上窗口對出有地盤動土，更容易長期病倒。

其實此屋本身的風水不太差，二零零四年前入伙屬旺丁不旺財之格，如非地盤影響，長期居住下去實有利人口平安；雖然財運稍遜，但全屋最衰位卻因缺角而消失，所以整體風水尚算不俗。另外，由二零一一年開始，此屋有五年入財的運勢，如能加上適當的風水擺設，便可進一步催旺財運。

五行物件化動土煞

適合 Vanessa 家的風水佈局包括：

（一）**化動土煞**——東南方動土的話，先放音樂盒對着動土方向，後面依次放石頭、紅色物品、植物及水。（詳情可參考下頁的「風水小貼士」）

（二）**化病氣**——Vanessa 睡房近東位置及客廳電視櫃上，可分別擺放音樂盒或風鈴。

（三）**催財聚財**——飯桌旁邊近廚房位置及鞋櫃上，分別放高身大葉及水種植物，生起聚財及催財作用。

（四）**保健康**——妹妹房的近北凶位處放一個天然葫蘆瓜乾化病，廁所穩陣位內放大圓石春旺身體。

以往遇有動土煞，多用獅子、麒麟、仙人掌、反光鏡及風鈴等化解，但筆者認為這些東西都不能徹底化解煞氣，反而利用五行之氣才是最有效之法，而且所需的物件亦非常簡單。

風水小貼士

化煞方法

（一）準備五種物品：不必用貴價風水物，只需按五行的屬性準備便可。

金——金屬發聲物件，如風鈴及上鏈音樂盒（忌用電子音樂盒）

木——任何植物

水——水喉水（忌用蒸餾水）

火——任何紅色物件

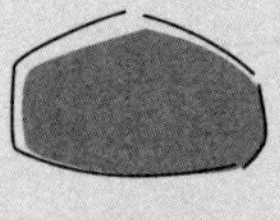

土——任何石頭

（二）依煞氣方向排陣：按煞氣來源的方向排列五種物品，並將之對着動土方向擺放。若不確定方向，便按木、火、土、金、水的次序把五種物品順時針圍成圓形，向着動土方向即可。

煞氣來源：依次排列屬性向着動土方向

正東——金、土、火、木、水
東南——金、土、火、木、水
正南——水、金、土、火、木
西南——木、水、金、土、火
正西——火、木、水、金、土
西北——火、木、水、金、土
正北——土、火、木、水、金
東北——木、水、金、土、火

不確定方向的話，按木、火、土、金、水的次序把五種物品順時針圍成圓圈，向着動土方向。

全家保健改運法

黃太一家三口居於香港仔，今年家人病痛多，希望知道是否家中風水出了問題，並欲知有否方法擋煞。現為她分析一下。

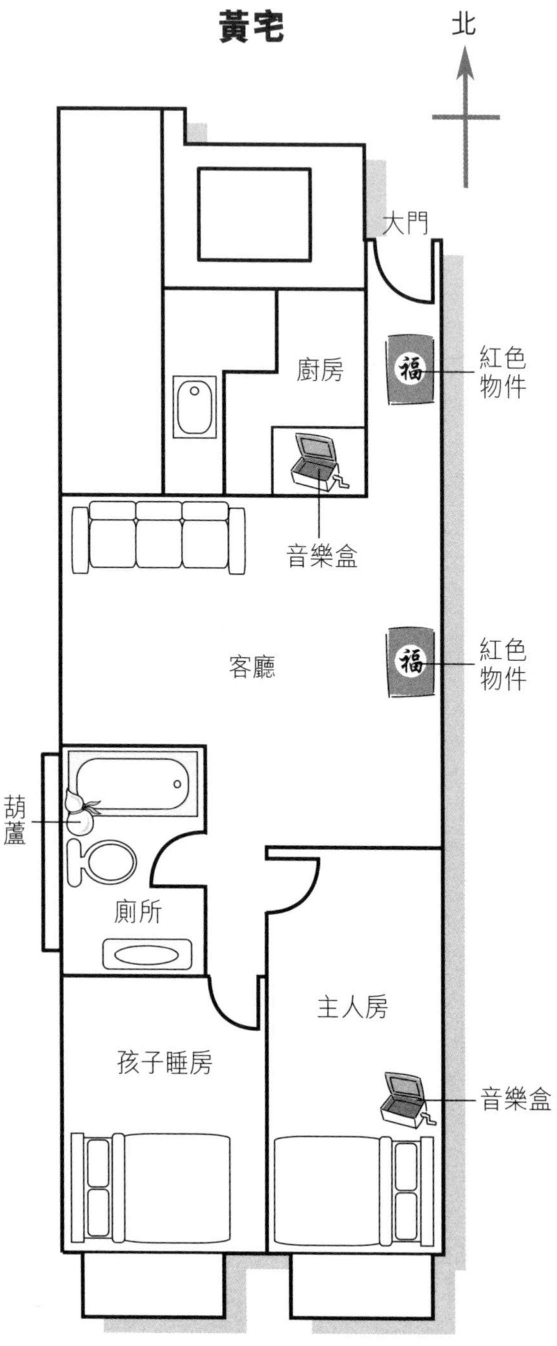

屋運尚佳

屋子坐南大門向北，二零零四年前入伙屬旺財不旺丁之局，又桃花位和財位兩個吉位均在睡房，而凶位就處於有助沖走惡運的廁所內，分布得宜，屋運尚算不俗。如以一百分滿分計算，此宅有八十分。

本年細病位

二零一二年細病位在廚房，不利家人肺、喉、氣管及骨骼健康，其次腹部腸胃。

化解方法：在廚房內放音樂盒，並在廚房門掛銅鈴。

永遠病位及本年大病位

全屋的凶位在廁所，屬理想位置，因衰運能隨沖廁時被沖走。

化解方法：今年的大病位在主人房，應放音樂盒化解病氣，而永遠凶位在廁所，宜放天然葫蘆瓜乾化解永遠病位。

除病法：在圖中所示兩個位置放任何紅色物件，例如利是封、普通紅色紙，有助改善今年健康運，特別是消除胃腸疾病。

房間改色

男主人屬火熱命，喜金水，睡牀牀頭應向西北，睡房的牆身和窗簾顏色宜用白、金、銀、黑、灰、藍；兒子屬土，亦是熱命，亦是金水有利，睡牀牀頭同樣應向西北，顏色宜白、金、銀、黑、灰、藍。

風水小貼士

保平安三大法

屋底放石少病痛——一般住宅在距離大門最遠的中間位置為「屋底」，在屋底中間位置放兩隻手掌般大的石塊或石春，有助增旺屋內人健康運。

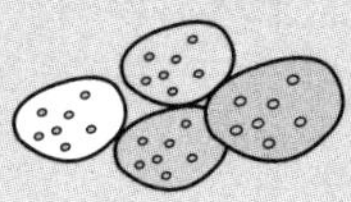

西南位放魚缸——二〇二四年前，西南方見水，東北方見山，有利財運、身體，此外亦可在家中西南方位放水、東北方位放石，有利財丁。

廚房廁所門掛植物——若大門或房門對着廚房門，會引致心、眼、皮膚、血液循環之疾病；若對着廁所門，則會引致腎、膀胱等泌尿系統問題。化解之法很簡單，只需於廚房或廁所左右門角掛上任何植物，即可化解。

大門對窗主漏財，但不嚴重，可不化解

何小姐乃自僱人士，現居西貢。

問：我的家聚不聚財？

答：七運二零零二年入伙，大門向西北，損財又傷丁！

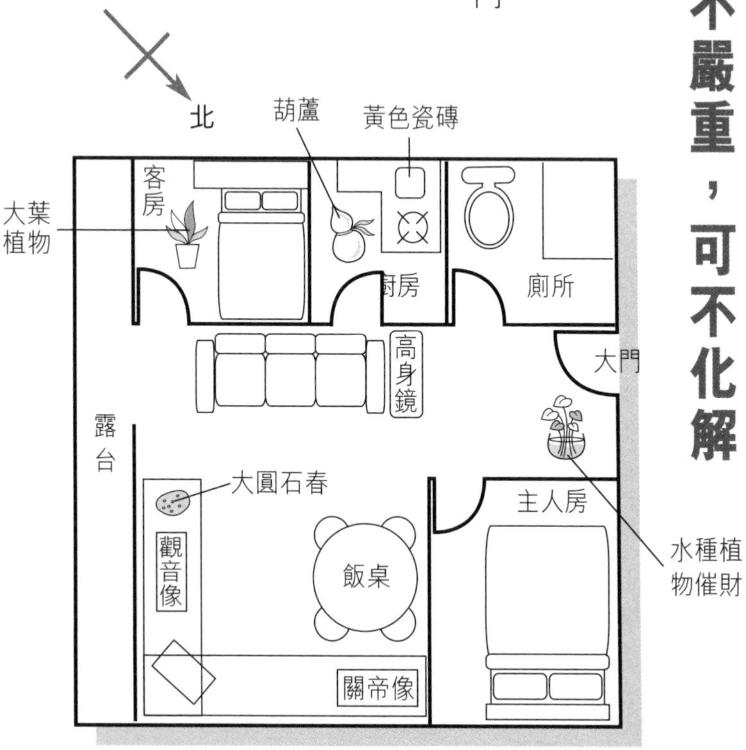

何小姐的家居風水的確不太好，除了大門直通露台形成漏財局之外，更嚴重的是，其住宅坐向損財又傷丁，即財運差上加差之餘，屋內人的健康亦不佳。雖然坐向的吉凶會隨着時間改變，但如果現在不立即補救，何小姐的家居風水須待至二零二四年以後才會逐漸好轉。

度身訂造特效風水陣

幾經思考之後，筆者替何小姐設計了一個為期十八個月的風水陣，如依法擺放，工作運及財運會在一個月內相繼改善。

布陣方法

旺財運——大門旁邊放水種植物催財，梳化旁邊放一面高身鏡（面向大門）以收吸財之效。另外，客房為全屋財位，宜放大葉植物聚財。

旺健康——廳中的觀音像旁邊放大圓石春，可保人口平安。另外，全屋最衰位位於廚房，在此煮食會令宅中人容易病倒，故宜在灶底放一個天然葫蘆瓜乾、灶台上放黃色瓷磚或黃色防火板化解。

布陣時間

只放十八個月——由於此屋的風水由二零零四年開始便會好轉，所以此風水陣在二零零四年後便不適用。除高身鏡要在立秋（西曆八月八日）後才擺放外，其餘由即日起便可使用。

更新風水物品——由擺放高身鏡當天（西曆八月八日）起計，九個月後便要更新所有風水物品。不過，有兩點需要特別留意，就是高身鏡要用柚葉沾水清潔，而大圓石春則用清水浸放一日，之後便可重複使用，其餘物品須棄舊置新。

風水小貼士

四種常見大門危機

不論住宅坐向是吉是凶，凡大門對着窗口或任何房門皆屬不利，雖然煞氣並不嚴重，但如果不放心的話，亦可化解。

大門對窗，稍為漏財，但並不嚴重，不一定要化解，筆者也沒有化解多年

弊處：氣從大門進屋後無遮無擋，會引致漏財，容易財來財去。

補救：大門前放一面屏風（要比大門高及闊）或一盆高身及多細葉的植物。

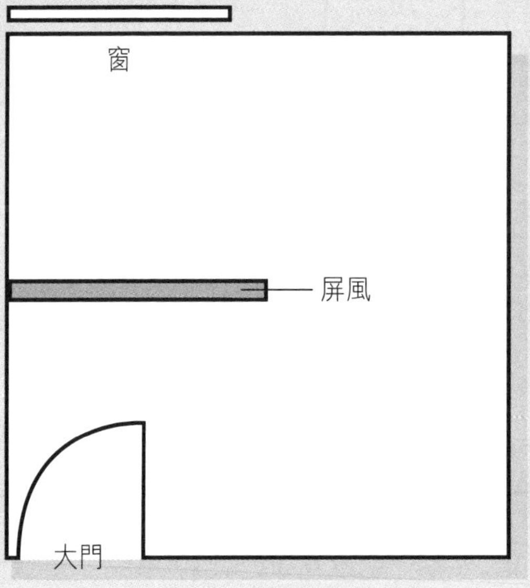

大門對走廊再對窗／房，煞氣並不嚴重

弊處：大門與玄關呈一直線，如氣流比大門對窗更猛烈，容易引致漏財及影響健康。但這只是學説上的，經筆者多年驗証並無發現甚麼不良影響，故可以無需化解。

補救：在玄關旁邊或垂直伸延出來的任何位置放一棵高身、葉多而細的植物。

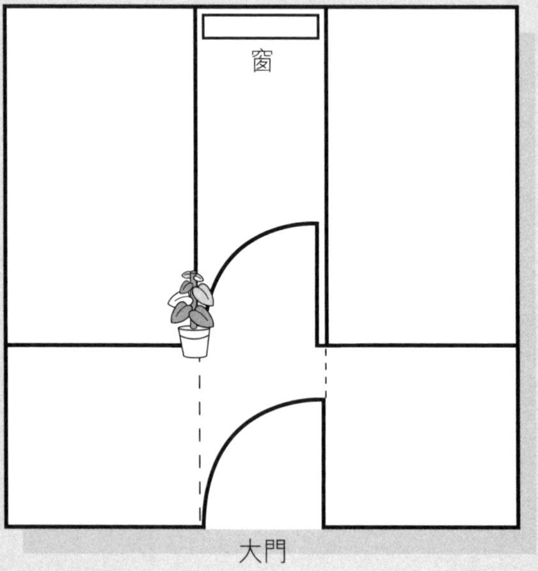

大門對廚房，極之嚴重

弊處：大凶之象，必會引致嚴重疾病，即使住宅風水坐向奇佳亦會大病連連。

補救：徹底的解法方法是更改廚房門的位置，無法更改的話，便放屏風或在廚房門左右角吊兩盆植物。

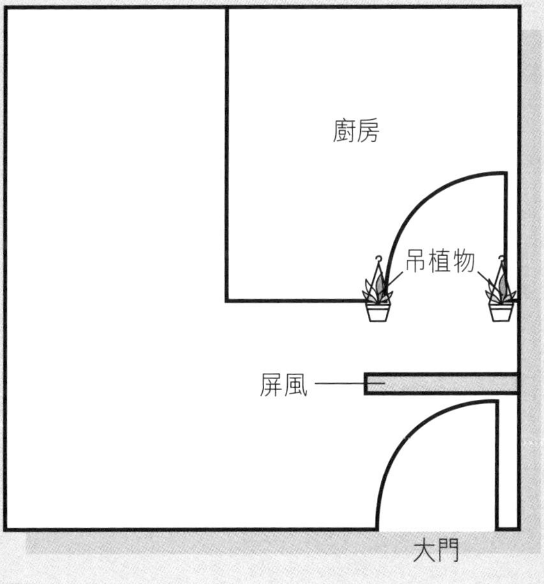

大門對廁所，嚴重

弊處：腎、膀胱及泌尿系統易有毛病，尤以女性為甚。

補救：更改廁所門位置為上策，其次是擺放屏風或高身多葉植物在對沖位置，亦可在廁所門外左右門角吊植物化解。

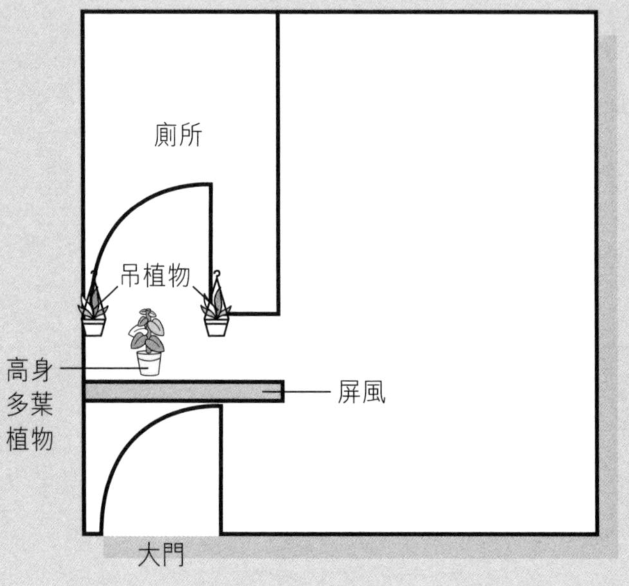

坐北向南屋，頻頻吵架

Nadine任職時裝設計師，現居紅磡。

問：我的屋適不適合長住？

答：大門向正南，煞氣最重，不宜長住。

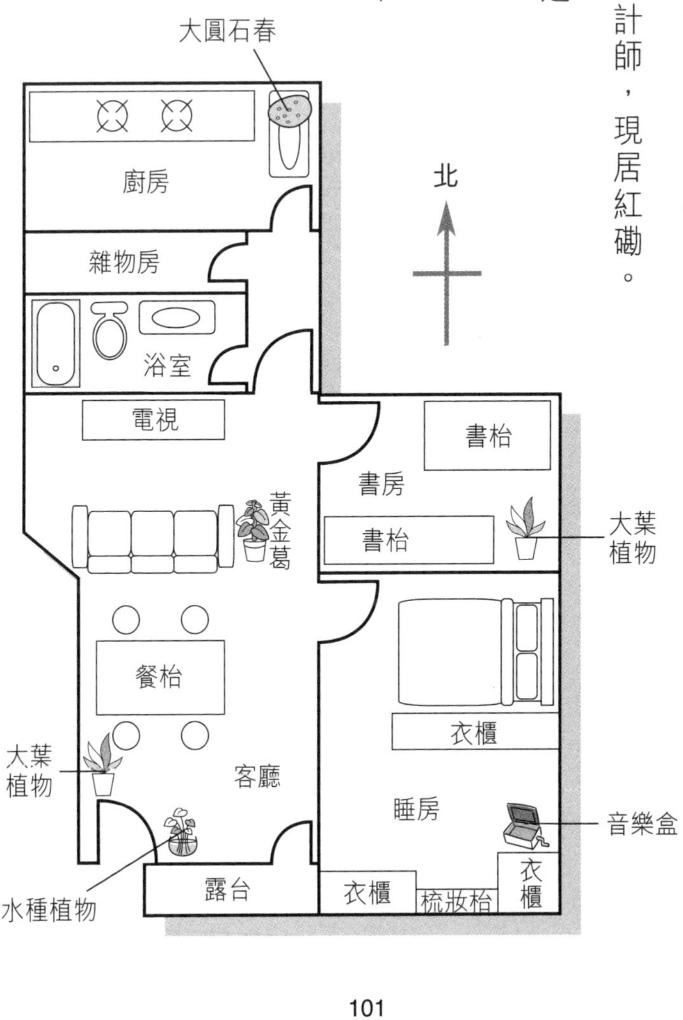

間屋有多差？

讀者Nadine與男友共住此屋實在並非好事，因為坐北向南的風水坐向最不利人丁、身體及感情發展，也因大門對街的方向為二零一二年三煞南位，煞氣特別重，會催谷戾氣，使宅中人脾氣更差，容易發生爭執。

另外，兩人搬進此屋時皆非行運階段，行衰運再加上住進煞氣重的屋，可謂百害而無一利。全屋唯一值得欣賞之處，就是凶位因為缺角而令破壞力減弱，對健康方面的負面影響略為減輕，但總括來説還是早搬為上！

適合此屋的風水局

聚財、催財

書房為財位，宜放大葉植物聚財，在此工作或構思工作亦較有利；另外，大門旁邊放水種植物亦可催財。

化爭吵

露台門直沖廚房，雖然煞氣不重，但亦宜在通道處放植物化解煞氣，而屋主本身已恰巧在通道上放置了一盆黃金葛，已經化解了。另外，大門對餐桌的位置必須放一盆高身的大葉植物，以擋三煞之氣，否則爭吵之事仍會無日無之。

旺健康

廚房為桃花位，廚藝容易受讚賞，但廚房另一位置為穩位，宜放一顆大圓石春以保家宅人口平安。另外，睡房為普通位，本來無好無壞，但因流年恰巧為大病位，故宜放一個上鏈音樂盒或風鈴化病氣。

有利顏色

兩人的命格均是屬火要水，須待二零一六年行水運時，運勢才會有明顯進步，而適合兩人的顏色包括白、金、銀、黑、灰、藍，可多用於室內布置。

風水小貼士

屋內爭吵陷阱

除了大門向正南會特別催谷戾氣外，每間屋一般都有幾個易惹爭執的陷阱。不妨對照以下佈局，可能會發現令你家無寧日的禍端！

廚房門對房門

弊病：廚房門與房門對沖，會令房中人脾氣特別暴躁、精神緊張，且對心、眼、皮膚、血液循環產生壞影響。

化解方法：廚房門外兩旁吊植物。

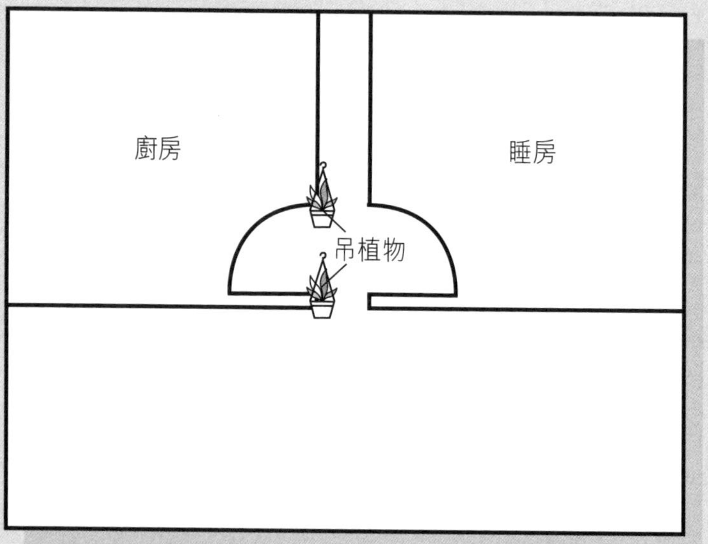

廚房門對廁所門

弊病：廚房屬火，廁所屬水，兩門對沖會形成水火交戰，容易人口不和，疾病連年。

化解方法：廁所或廚房門頂兩旁各掛一盆小植物。可以的話最好能在廚廁門外四角都吊一盆植物化解，開始化解時植物很容易變黃、死掉，但重複三數次之後會發現植物可以長久生長下去，便知道已把煞氣化掉。

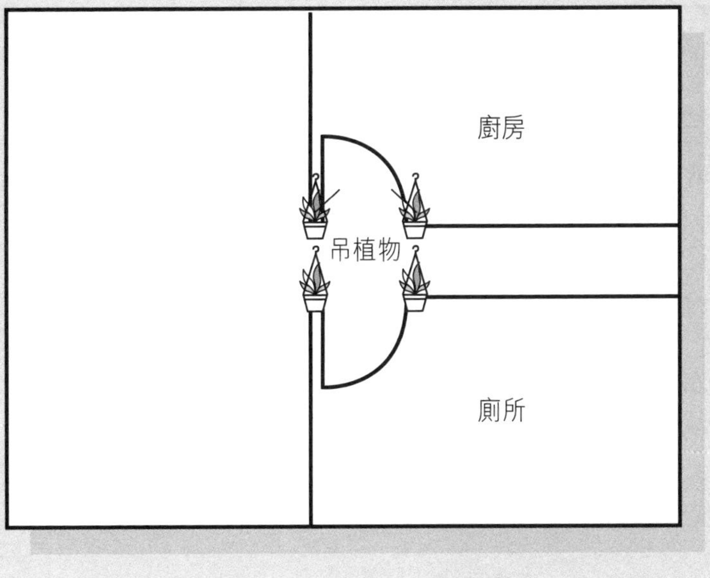

爐灶貼睡牀

弊病：爐灶貼睡牀會令房中人脾氣暴躁、缺乏忍耐力、易有爭吵，亦會不利人緣。

化解方法：放一杯水去減弱火氣，如可以的話移開爐灶或睡牀，盡量將兩者分隔。把火氣減弱。

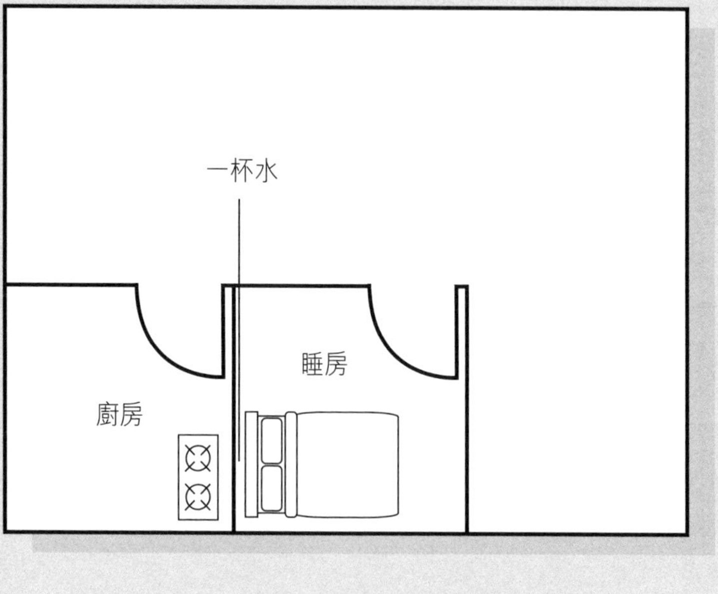

找出家中財位，助你扭轉逆局

Jessica 任職電子業文員，現居慈雲山。

問：事業、財運及健康運如何？

答：丁財兩不利，幸好睡在財位！

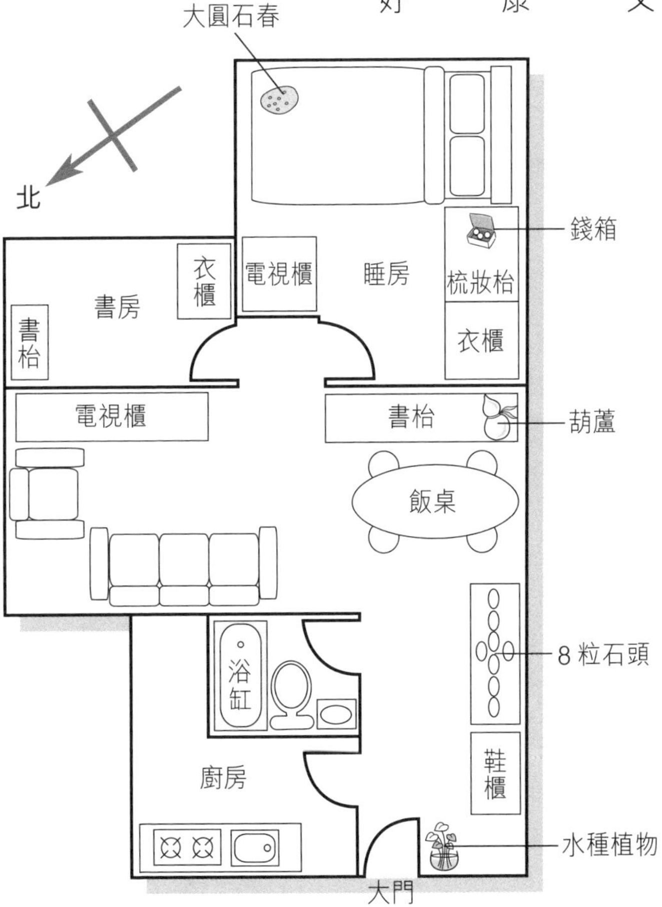

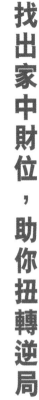

睡於財位最有利

Jessica家的風水坐向算差，大門向西北，在七運二零零四年前入伙，屬丁財兩敗之局，即對健康及財運皆不利。幸好Jessica與丈夫的睡房剛好落在全屋之財位，即使家中風水再差，睡於財位亦可挽回不少分數，令健康及財運未至於一落千丈，但長遠來說，還是布個風水陣最妥當。

適合此屋的風水局

聚財催財

睡房為財位，宜在該處放錢箱以加倍凝聚財氣，另外可在大門旁邊放水種植物催財。

催人緣

桃花位落在大門一帶，如工作上要催旺人緣，可放八粒石頭於此；如要減低惹上桃花及色情事件的機會，則可放清水。

旺健康

凶位落在餐桌一帶，宜放天然葫蘆瓜乾驅散病氣，另外亦宜在全屋中間的最盡處（即睡牀牀尾位置）擺放大圓石春或任何石頭，以保屋內人口平安。

有利顏色

Jessica與丈夫皆屬寒命，命喜木火，妻子從事屬木的案頭文書工作，而丈夫則從事屬火的電子業，皆與命格配合。室內布置方面，可多用青、綠、紅、橙及紫等暖色，有利加強運勢。

轉屋運

在二零零四年後，更換煮食爐或大門，讓宅運轉為八運旺財旺丁。

風水小貼士

用指南針發掘家中財位

財位十分重要，人人都應該找出家中的財位，然後加強健康運及財運，而最簡單的方法，當然是大肆催旺一番。

不過，同時亦要注意財位有否不幸地落在廁所、浴室位置，因為財位在廁所或浴室，會使其功效大打折扣！

查出大門坐向

拿着指南針在屋內面對大門，以大門對街的方向為準。

對照財位坐向

大門坐	財位在
正東	西南
東南	東北
正南	正東
西南	西北
正西	正北
西北	正南
正北	東南
東北	正西

催旺財位及聚財方法

一般催旺財位及聚財的方法為擺放大葉植物或錢箱，又財位最適合用作睡房或長期坐臥之處，可加強屋內人的運勢。

最差的是財位落於廁所，這樣的話，即使植物與錢箱一同擺放，雙管齊下，漏財仍是難免，惟有手頭少留現金，買些有價值的物件以聚財。

找出家中桃花位，提升愛情運

阿儀任職設計師，現居觀塘。

問：家中風水有沒有影響自己的姻緣運？

答：桃花位落在廁所，姻緣容易被沖散！

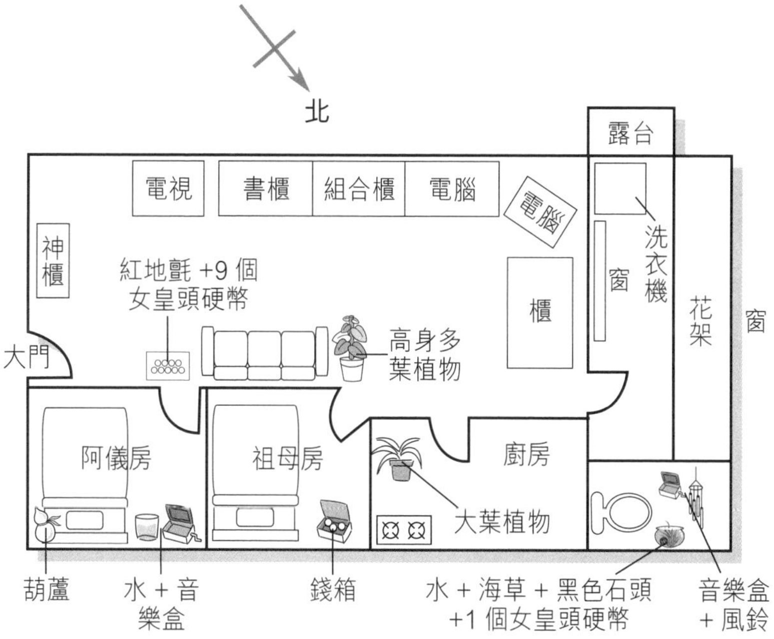

睡房、廁所位置不佳，不利桃花兼多爭吵

阿儀最關注的就是愛情運，偏偏家中的桃花位卻落在廁所位置，對姻緣十分不利，加上阿儀的睡房又是全屋凶位所在，長期坐臥會令人病痛多及脾氣暴躁，人緣難免會受影響。不過，最嚴重的問題其實是阿儀的命格，因為她天生婚姻運較弱，所以在改善風水問題之餘，自己亦必須把握機會才能得到幸福的愛情生活！

適合此屋的風水局

化解凶位

睡房內放一個天然葫蘆瓜乾，房門位置放一張紅地氈，並在底下擺九個女皇頭硬幣，雙管齊下，以化解凶位的影響。

改善人緣

在睡牀旁邊東北方，即二零一一年流年桃花位放一杯水（或水種植物）及上鏈音樂盒，有助改善人際關係。人緣好了，拍拖機會自然增加。

擋漏財

（不擋亦無礙，因經長期研究後，此說可以不理。）

聚財

祖母房及廚房為財位所在，宜分別擺放錢箱及大葉植物以加強財氣。

特別桃花局

在廁所門附近放一串風鈴，廁所內放一個音樂盒及一桶水（如不方便可改放一魚缸水，但效果稍為減弱），並在水中放一條海草、一粒黑色石頭及一個女皇頭硬幣。

風水小貼士

人人適用桃花陣

家中桃花位在哪裏？只要拿着指南針看看就知道！

面向屋裏大門，指南針指着	桃花位在	催旺物品
正東	東南	水
東南	正北	音樂盒
正南	西北	8粒石頭
西南	正東	水
正西	東北	紅色物件
西北	正西	8粒石頭

正北	西南	紅色物件
東北	正南	植物

桃花位在睡房

睡在桃花位，不單愛情運特別順暢，人緣亦佳。

桃花位在廚房

廚房對桃花無壞影響，反而在此煮食會特別受人歡迎。

桃花位在廁所

一定要布陣補救，因為廁所的沖水會沖走桃花、人氣，令人緣不佳。

西面山，東面水
二零一五年前旺財旺丁
二〇一五年後開始
利北面水旺財

Betty任職會計，現居將軍澳。

問：自去年年底搬入此屋後經常生病，為甚麼？

答：家居風水問題不大，而填海工程已完成，所帶來的煞氣亦會日漸減弱，唯本身命格沖太歲，所以特別多病痛。

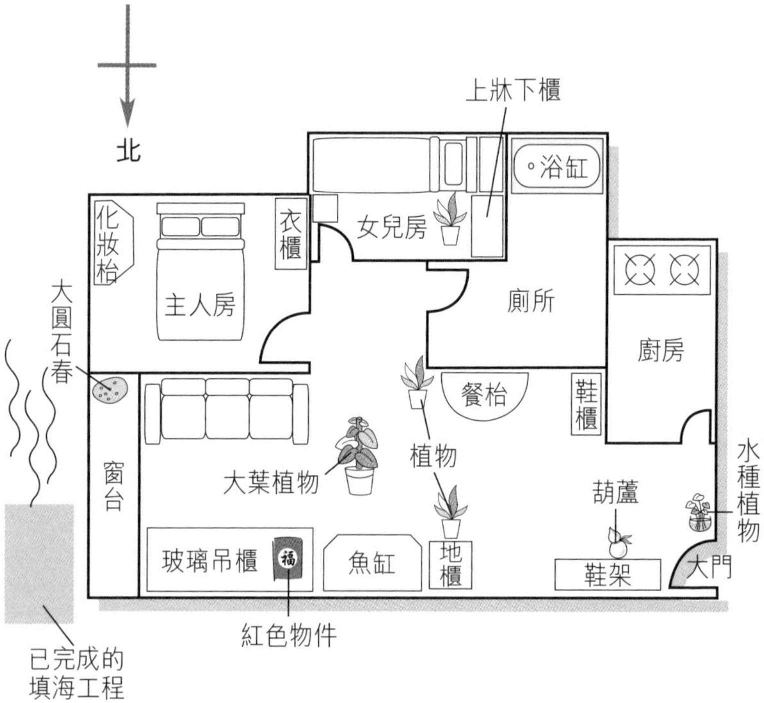

命格問題比家居風水嚴重

Betty 的家居為七運屋，屬丁財兩旺格，而且東面的窗戶對海，在二零一五年前來説非常有利，有助提升財運。不過，由於 Betty 本身的命格屬「日沖夫妻宮」，不是夫妻多爭吵，便是本身病痛多，加上前半年因受填海工程的煞氣影響，健康難免特別差。雖然工程現已竣工，但個人命格問題仍未解決，看看師傅如何化解！

適合此屋的風水局

保身體平安

窗口近梳化位置放大圓石春，有助屋內人出入平安及身體健康。

提升人緣

玻璃吊櫃一帶為桃花位所在，如因工作所需，想提升人緣的話，可放紅色物件加以催旺，但要考慮桃花太旺會影響夫妻感情。

聚財

魚缸位置為家中財位，魚缸放在此處無壞影響，但無催財、擋煞作用。若要加強財運的話，可加大葉植物或錢箱。

特別化病陣

為化解命格中的問題，宜在家中的正北、中央及正南方各放一盆植物，有助紓緩水火相沖，使健康問題不致更嚴重。

化病氣、口角

門口為凶位所在，宜在附近放一個天然葫蘆瓜乾，以化解病氣及口角之爭。

催財

大門旁邊放水種植物，有助催旺財運。

風水小貼士

二零一五年前高樓平地＝山水

原來在風水世界中，平地可以看作「水」，高樓可以看作「山」，所以即使不是面對實物，你也可能受到山水的影響！

西面見山旺身體

西面見山，或者屋外的正西附近有高樓大廈，皆視作有好山，具有旺身體、擋漏財之效。

西面見水損健康

如果西面見水，或者原有的山被移平，便會化成「水」，會令人漏財兼損健康。

補救方法：放8粒白色石頭，分成6粒及2粒兩組，平行擺放在向西的窗口位置，以旺身體兼擋漏財。

二〇一五年後漸漸改成北面水旺財，二〇二四年後會更為明顯。而南面見水為破財，宜放8粒白色石頭去擋。

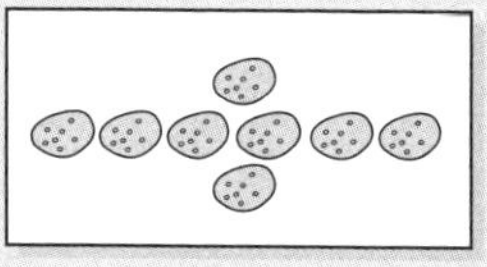

東面見山斷財氣

二〇一五年前如果東面見山，或者原有的海景被新起樓宇遮擋，便會把旺氣中斷。

補救方法：在向東之窗口擺放一個魚缸，缸內即使只得一條魚亦有化解功效，如此便可自製旺財水，有助提升財運。二〇一五年後可移往北面。

北面見水財運佳

二〇一六年後北面見水，或者屋外的正北附近為平地，皆能收「水為財」之效。

失業、跳槽，師傅有計！

談先生於二零零二年待業，居於大窩口。

問：我已經失業五個多月，如何可以加強事業運？

答：大門口左右各放八粒白石，廚房角落放一杯裝有黑石的水！

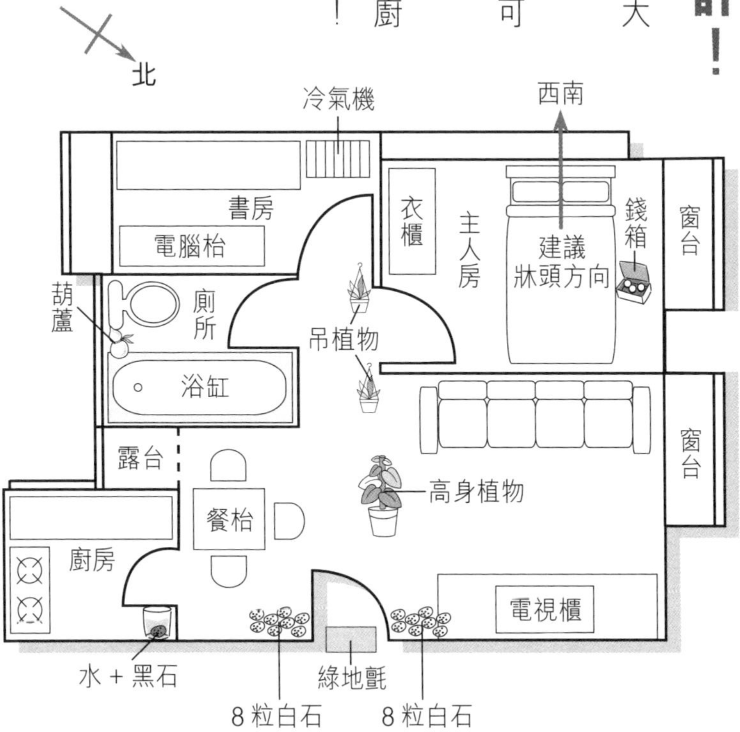

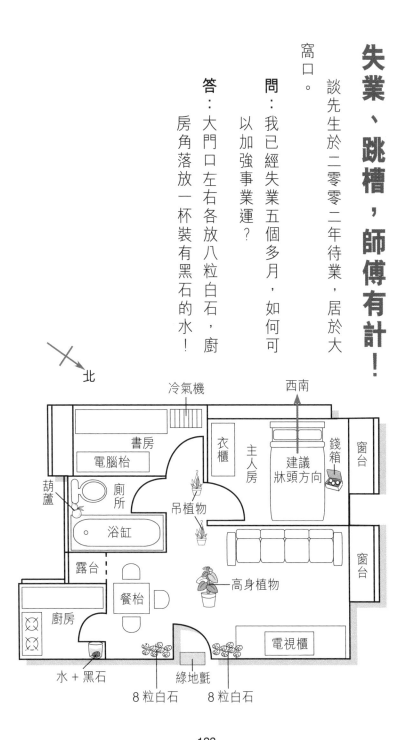

流年運不佳

失業了近半年的談先生很擔心自己的事業發展，不過以他的命格看來，一生成就其實不俗，而且最適宜從事教育或「多錢過手」的行業，如金融、地產等。不過，出生於壬午日的他於二零零二年遇上壬午年，玄學上稱為「伏刑」，經常會情緒不穩、悲觀，進修對其有利。若然不打算進修，便唯有利用風水陣來催旺事業，令自己盡快重投打工行列！

適合此屋的風水局

睡得安寧

睡房為財位，理應十分有利，不過現時牀頭位置不佳，不單讓宅中人難以吸收財氣，更會經常睡不安寧。以此局而言，最佳的牀頭方向是靠近西南，即與窗口並排；如難以改動，次選則為西北，即頭向窗口。然而，牀頭不貼牆或無靠均不佳，故應加高牀板改善。

聚財

為加強財位之氣，宜在睡房財位內放大葉植物或錢箱。

化凶位

凶位主疾病及爭吵，宜在廁所內放一個天然葫蘆瓜乾（佛具鋪有售）化解。

化門口對沖

睡房門與廁所門對沖，男性健忘，女性易有婦科病，所以應在睡房門或廁所門兩旁各掛一盆小植物化解。

失業風水陣

如正在找工作，可於下次見工前在正東位置（即廚房角落）放一杯水，水中放一粒黑石（詳細方法請參考下頁「風水小貼士」）。

擋漏財

大門向東北，流年漏財，宜在門口放一張綠色地氈以接財氣。

招貴人

門口為家中雙旺星位，宜在屋內門口兩旁各放八粒白色石頭，有助催旺貴人財運，對工作更有利。

風水小貼士

這個「搵工陣」，其實人人都可用，即使你並非失業大軍，只想轉換一份好工，此陣一樣可以幫到你！

功效：有助尋找新工作或催旺生意

方位：家中正東

工具：一杯水，水裏放一粒黑色石頭

有效期：三個月

擺放方法：由於此陣為特別風水局之一，長期擺放反而無效，所以一般只可擺放三個月。至於正在找工作的人，則最佳的擺放時間是在下一次見工前，由當時起連續擺放三個月，即可催旺運氣。

辦公室迷你風水陣，助你提升工作情緒

Crystal任職行政助理，現居馬鞍山。

問：怎樣可以令情緒平穩及提升人緣？

答：家中放小植物，另外放八粒白石！

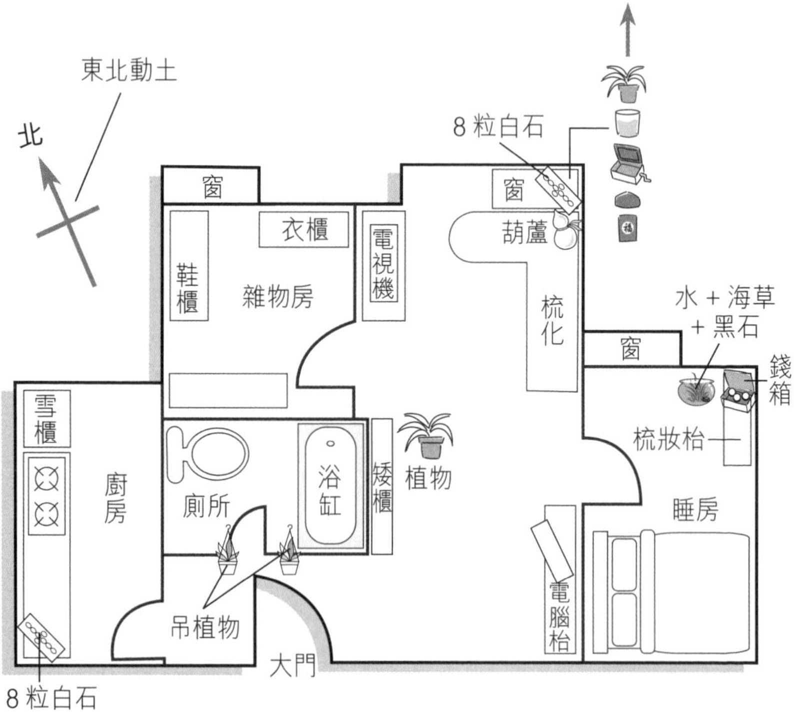

二零零四年前勿轉工

Crystal與丈夫同住於馬鞍山。自一九九八年起，兩人的工作運都不太好。原來，兩人在住屋及命格方面都屬流年不利，必須要等到二零零四年才會逐漸好轉。

適合此屋的風水局

提升人緣

此宅因缺角而失去桃花位，如欲補救，便唯有在雜物房的鞋櫃附近，分別在東北及西南位，擺放八粒白色石頭在白色上紙上，以提升人緣。

化動土煞

由於窗外正進行馬鞍山鐵路工程，宅內人難免特別容易病倒，故宜在窗前順序擺放下列物品以化解動土煞：植物、一杯水、上鏈音樂盒、石頭及任何紅色物品。另外，梳化為凶位所在，長期坐臥亦易生爭執及疾病，宜在附近放一個天然葫蘆瓜乾（花墟有售）化煞。

改善情緒

如果要令家中各人情緒較為平穩，宜在矮櫃旁放一盆植物，可減低家中戾氣，緩和屋內人的情緒。

化解門廁對沖

因大門與廁所門對沖，腎、膀胱等泌尿系統特別容易出現問題，宜在其中一道門的左右兩側掛上小植物。

催財

睡房為財位所在，宜在房內擺放大葉植物或錢箱以聚財。

特別事業陣

因為兩人流年運皆不佳，所以可在梳妝枱附近放一杯水，並在水中放一粒黑石及海草，可稍為提升事業運。

風水小貼士

黃色物品防止辦公室黑面神

情緒其實最影響一個人的工作表現，別說布陣後可以得到老闆賞識的長遠效果，即使只是令自己返工返得開心，做事都會特別「醒神」，犯錯亦會更少，也是好的！

如果你有辦公室

在房門旁邊放水種植物，房後的中間位置擺放石頭。

如果你只得辦公桌

在貼近入座的走廊桌上位置放水種植物，而座位後則放黃色物品，如外套或坐墊等。

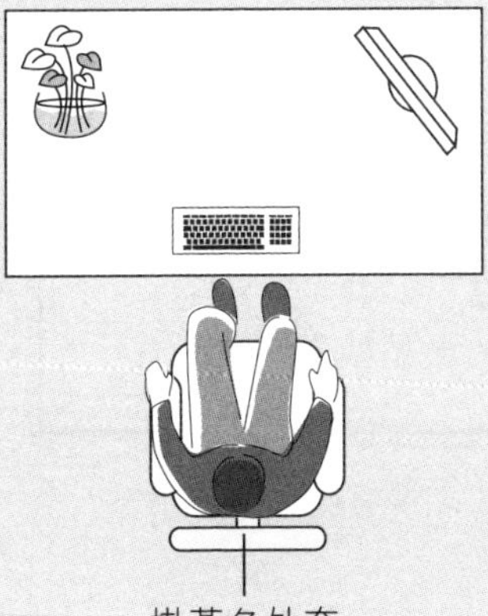

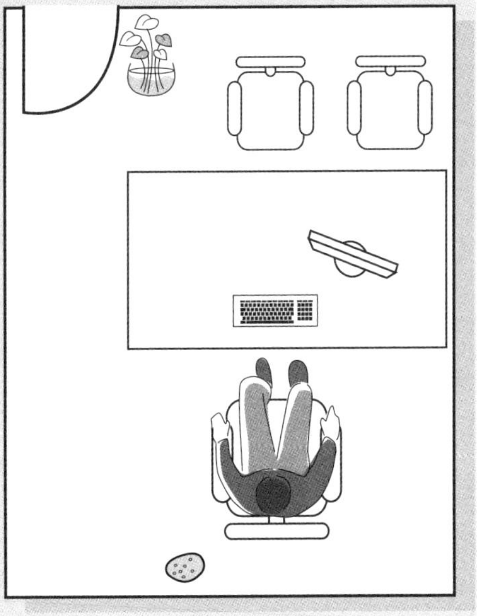

襯對顏色事半功倍

Kathy任職秘書，現居太和。

問：如何提升整體運氣？

答：除家中布陣外，亦要注意有否用錯顏色！

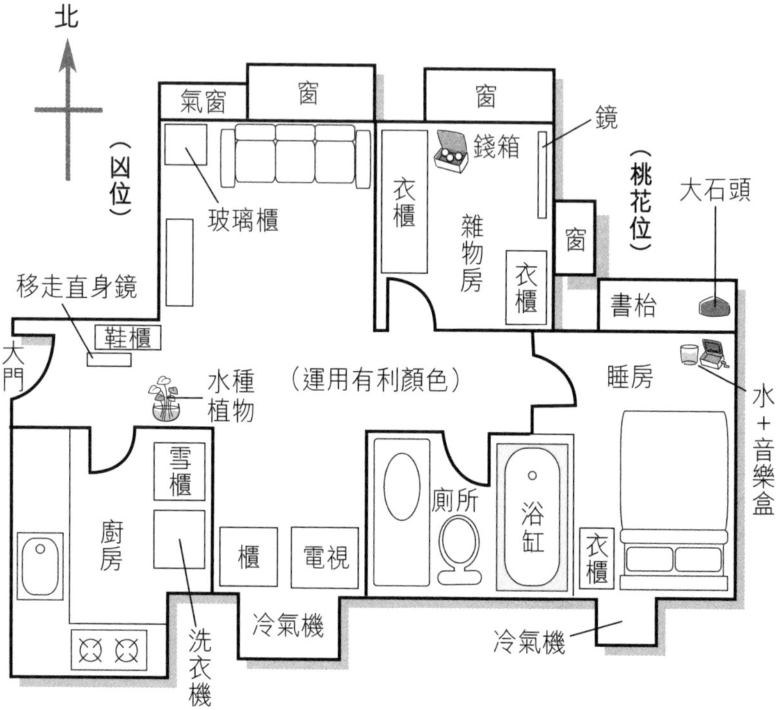

坐西向東二零零四年前入伙旺財旺丁

Kathy 家的坐向屬於旺財旺丁格，基本風水不俗。不過，由於 Kathy 本身的命格正在行衰運且流年遇伏刑，所以心情會無故不佳，再加上家中風水佈局亦有問題，所以她和丈夫近年的運程就更加反覆。

適合此屋的風水局

化凶位

大門旁缺角，原本是好事，因該處是凶位，但那塊直身鏡卻把凶位煞氣吸進屋內，再加上對正廚房，令廚房成為煞氣極重的凶位，容易令屋內人身體不佳及引致爭吵，所以當務之急是立即將鏡移走。

聚財

雜物房為財位所在，宜擺放大葉植物或錢箱增旺財氣。

增加人緣

雜物房缺了桃花位，會令人緣不佳，宜在雜物房放面鏡吸回桃花位吉氣。

催財

如要催財，可於大門旁邊放水種植物。

顏色改運

屋內的顏色若與居住者不合，則即使風水好，作用亦會減半。Kathy屬熱命人，顏色宜用白、金、銀、黑、灰、藍；丈夫屬寒命人，顏色宜用青、綠、紅、橙、紫，如要同時配合兩人，就唯有用米、黃、啡等顏色（應用方法詳見下頁的「風水小貼士」）。

改善健康

在睡房的角落長期擺放大圓石春或任何大石頭，可保人口平安。

風水小貼士

用錯顏色易撞車？

報章雜誌常説，某明星要穿甚麼顏色的衣服才會行運，大家聽見後，可能都會覺得無稽！但其實顏色的確會影響運程，但主要配合室內裝修及私家車便可，衣服鞋襪並不重要。用對顏色的話，做事會事半功倍，但用錯的話，則就算本身行運，運氣也會減弱。

顏色風水學

第一步——找出所屬顏色

寒命人出生於西曆八月八日至三月五日，宜用青、綠、紅、橙、紫。

熱命人出生於西曆五月六日至八月七日，宜用白、金、銀、黑、灰、藍。

平命人出生於西曆三月六日至五月五日，任何顏色皆可用，但其中以白、金、銀、黑、灰、藍為佳。

第二步——應用方法

（一）個人顏色只需應用於室內的地板、牆身、天花、窗簾及自己駕駛的汽車，其他家具及日常衣著均不受影響。不過，若然裝修上無法改變，便唯有退一步將有利顏色運用在家俬布置方面，但效果會減弱。

（二）如屋內各人的有利顏色不盡相同，有兩個解決辦法：第一，就是遷就家中的主要經濟支柱，也就是採用能配合其命格的顏色；第二，就是多用中性顏色（即米、啡、黃），雖然不會特別有利，但亦無壞影響。

窮到燶？有得救！

Mandy任職會計，現居彩虹。

問：老公是自僱人士，但生意愈來愈差，有甚麼改善辦法？

答：在家中的工作桌布個小風水陣，提升個人力量！

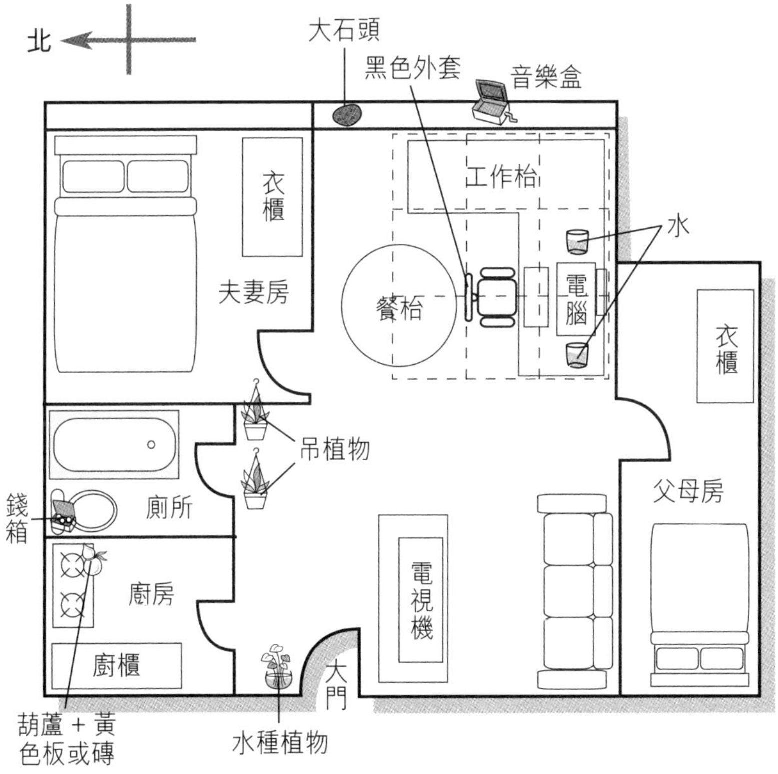

行衰運只可「吊鹽水」

Mandy的家可謂「商住兩用」，因為她的老公在家中經營電腦生意，平日起牀後就坐在廳裏工作。雖然其丈夫即將行三十年大運，事業一定有起色，但目前卻正籍人生中最衰的一段運程，生意自然好極有限。

適合此屋的風水局

提升健康

在屋外窗台處擺放一塊大石頭或大圓石春，有助提升家中各人健康、人緣運。

提升個人運勢

因為Mandy老公在家中工作，所以最適宜在工作桌布陣。Mandy老公是熱命人，將工作桌平均劃成九格（包括缺角位）後，於近窗的正東方向擺一個上鏈音樂盒，並在電腦左右兩旁各放清水一杯；另外，椅背位置亦需放一杯水，如不方便，可用黑色外套代替。

擋漏財

財位落在家中廁所位置，嚴重影響財運，需要在廁所內放一盆大葉植物或錢箱以擋漏財。

化解對沖煞氣

廁所門對着父母的睡房門，造成煞氣，易令房內人患上泌尿系統毛病，宜在廁所門兩旁掛吊植物化解煞氣。

化凶位

凶位在廚房，家中各人特別容易病倒，尤其對負責煮食者，影響更為嚴重。解決方法很簡單，就是在爐灶底下放一塊黃色防火板或瓷磚；另外，宜於灶底放一個天然葫蘆瓜乾。

催財

如要加強整體家宅財運，可於大門旁邊放水種植物。

風水小貼士

急救衰運助你起死回生

如果你正在行衰運，單憑一個風水陣，又怎能令你發達？與其奢望遙不可及的發達之夢，倒不如催旺自己的運勢，這樣來得更實際。雖然這不會令你財源滾滾來，但至少可減輕目前的倒霉運，可以捱到行運為止。

九格布陣法

適用者：

任何人皆適合，如運勢欠佳者，更應利用此陣作出補救。

布陣法：

寒、熱、平三種命格所需的物品略有不同，但方法均是將自己的私人空間（如房間、辦公室）劃成九格再加以布陣。

平命人（西曆三月六日至五月五日出生）
熱命人（西曆五月六日至八月七日出生）

北

		水或黑色物品		
西	水或黑色物品		音樂盒	東
		水或黑色物品		

南

寒命人（西曆八月八日至三月五日出生）

北

		石頭		
西	紅色物件		植物	東
		紅色物件		

南

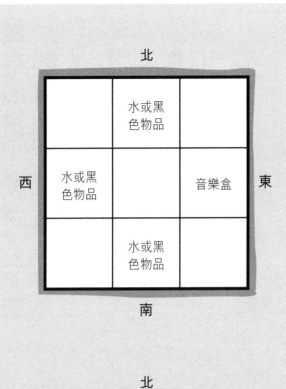

風水陷阱，令情侶不和

劉先生乃自僱人士，新屋位於元朗。

問：我即將新居入伙，應該注意甚麼風水問題？

答：家中桃花甚重，與女友同住小心影響感情！

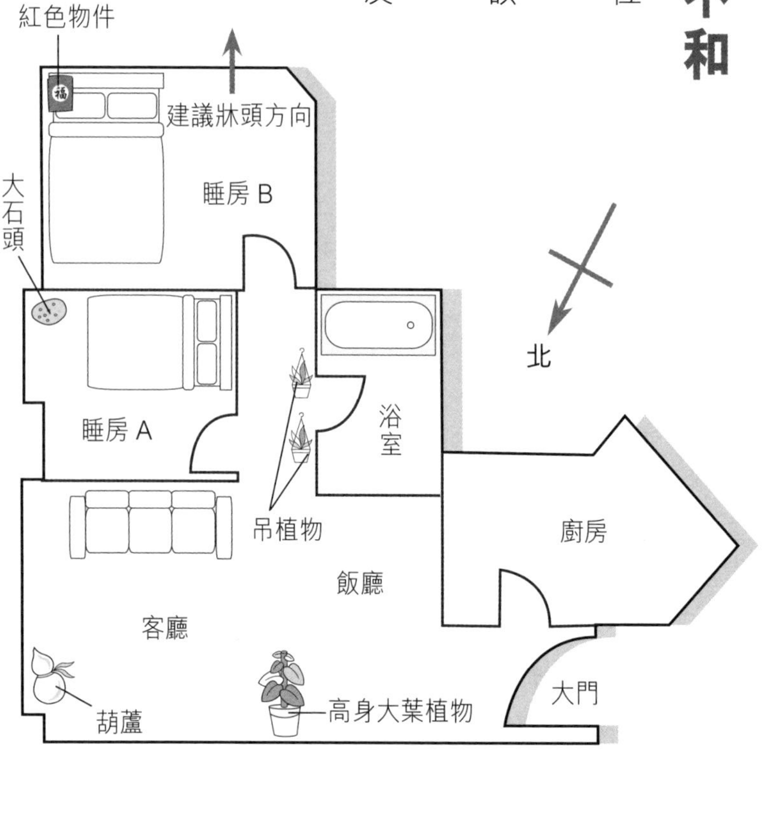

桃花太重要自我克制

劉先生與女友即將於明年遷入新居，此屋的基本坐向屬旺丁不旺財局，健康、人緣尚可，財運則並無幫助，加上新屋設計有漏財問題，需要布陣化解。

不過，風水並非萬能，有些問題一定要靠自己才能解決！此屋兩間睡房的桃花均很重，如屬單身當然有利無害，但若跟伴侶一同生活，便代表易有第三者。雖然有方法化解桃花，但又怕有損人緣，所以最重要的，還是靠自己的定力及對彼此有信心。

適合此屋的風水局

化桃花

睡房B睡牀為桃花位所在，要催旺桃花，可放清水，但要削弱，則放紅色物品。不過，如從事需要面對人群的工作，怕會損害人緣的話，就不宜過分壓抑桃花之氣，不如靠自己的定力戰勝外界誘惑更實際。

牀頭宜向東南

兩人均為寒命人，顏色利青、綠、紅、橙、紫，可用於地板、牆身、窗簾及較大型之家具，其他雜物不一定用此系列顏色。另外，兩人的命格均利東南，所以牀頭宜靠近上述方向，工作更順利之餘，情緒亦會更平穩。

增加健康運

為了令屋中各人的健康更佳，宜在睡房A的窗台處放一塊大圓石春。

化門口對沖

睡房A與浴室的門對沖，容易令腎、膀胱生毛病，情侶更會易惹桃色問題，所以較適合單身者居住。為免節外生枝，宜選擇睡房B作主人房，另外於浴室門兩旁各掛一盆小植物，有助化解對身體的壞影響。

化凶位

客廳為凶位所在，長期在此坐臥會令人脾氣暴躁及身體不佳，化解方法是在窗台處放一個天然葫蘆瓜乾，另外梳化宜靠着睡房B那道牆擺放。

擋漏財

大門與窗直對主漏財，但並不嚴重，如不放心的話，可在大門對窗的通道擺放屏風或高身大葉植物遮擋；恰巧此屋的財位位於飯廳與客廳之間，宜放大葉植物或錢箱聚財，所以在飯廳位置擺放植物，可同時收防漏財及聚財之效，一舉兩得。

風水小貼士

家居兩大愛情陷阱

明明愛得很癡纏，為何一起搬進新屋後不久，關係便急速轉壞？如果你在徹底反省過後仍找不出原因的話，不妨看看是否風水作怪。不說不知，一些常見的住宅間格原來可以成為愛情的殺手。

房門對廁門、牀對廁所，易惹壞桃花

房門對廁門及牀對廁所易令泌尿系統出問題，唯此格局能催旺單身者的桃花。不過，如果你已經結婚或與伴侶一起同住，則桃花旺便屬壞影響，令宅中人因受外界誘惑而增加離棄另一半的機會。

化解方法：在廁所門兩旁吊掛植物，並常關廁所門。

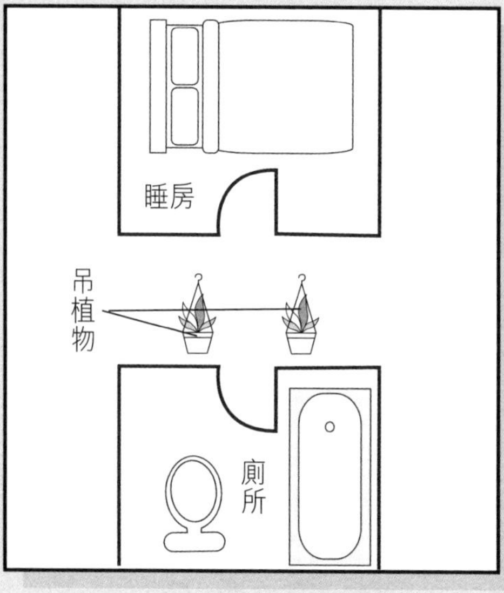

爐灶貼睡牀互相脾氣臭

如果廚房與睡房並排，睡牀切忌與爐灶相鄰，否則會令房中人脾氣暴躁、精神緊張、胸肺不適及常患呼吸系統毛病。如身邊伴侶的性格突然有此異變，當然容易出現彼此生厭的情況，而廚房對着睡房門者，情況更為嚴重。

化解方法：將睡牀移開一點，避免與爐灶相鄰，再於當中放一杯水。

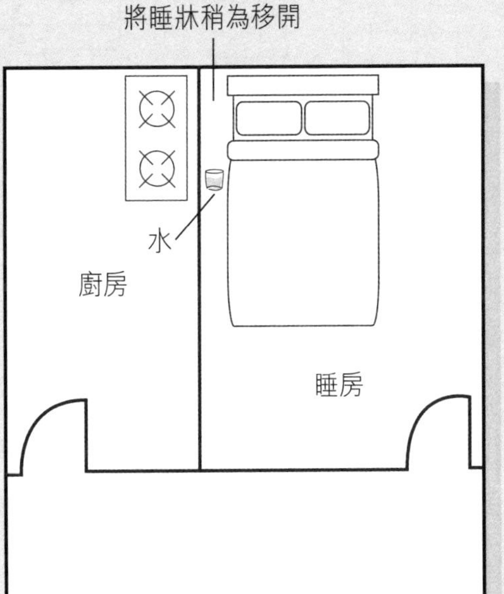

四盆植物幫你添丁

陳先生任職於旅行社，現居長沙灣。

問：太太已三十多歲，有甚麼方法可以早日添丁？

答：在正西喜慶位放四盆泥種植物。

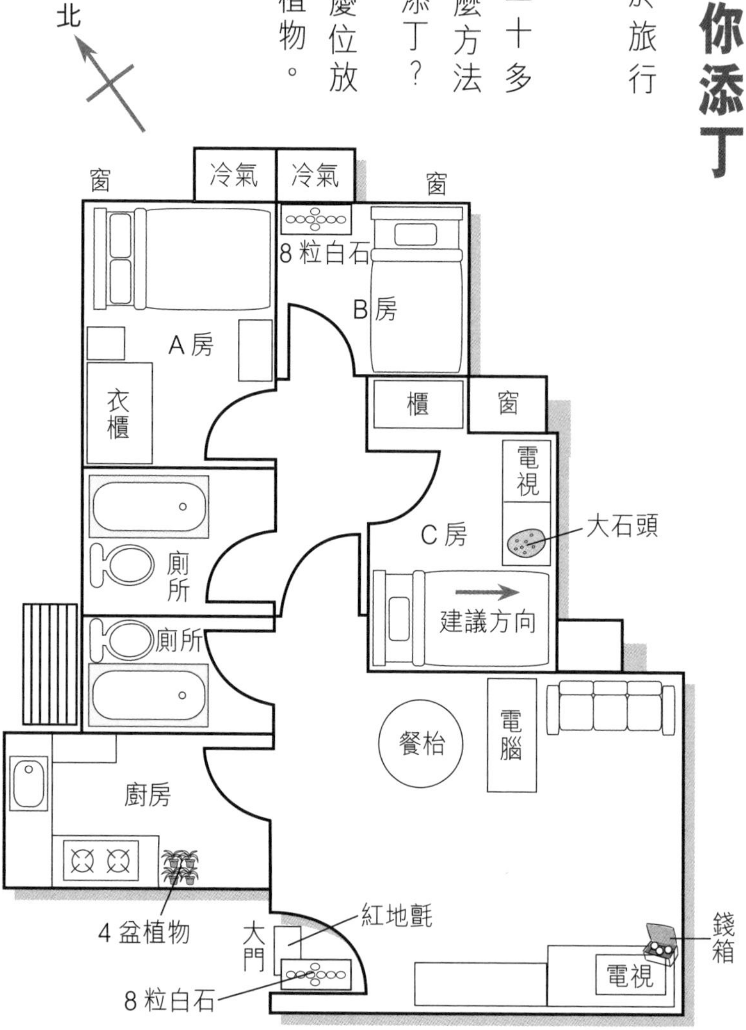

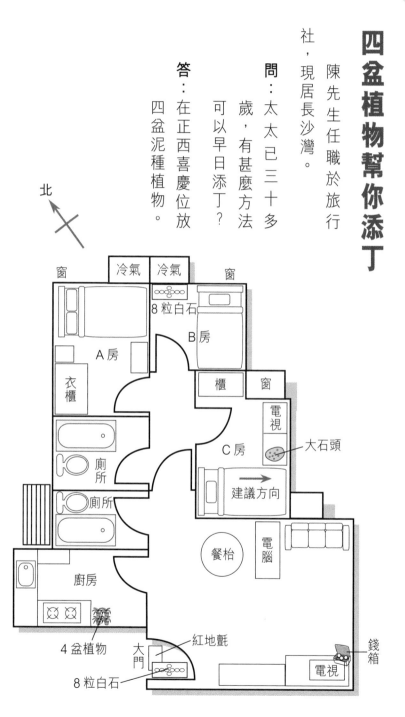

陳先生很希望能與太太早日生兒育女，雖然兩人正在行運，但他們的住宅坐向卻屬損財傷丁，即使賺到錢亦會財來財去，且難以達成「造人」心願。幸好二零零四年起轉地運，而此屋的風水亦會隨之好轉。

適合此屋的風水局

添丁局

二零零二年流年正西為喜慶位，可在廚房擺放四盆泥種植物，有助刺激短期內的生育機會。另外，亦可分別在東北和西南方，於白色卡紙上擺放八粒白色石頭，有助長遠的造人計劃（八粒石頭的擺放方法必須為：打橫平排六粒，另外中間前後各一粒，形成十字形狀）。

催財

廳中電視機位置為財位，在此擺放大葉植物和錢箱均可加強財氣，如能將電視機與梳化位置對調更佳，因為長期坐臥財位有助提升運勢及有利懷孕。

改善情緒

C房的牀頭位置不佳，易令房中人情緒不穩定，宜與牀尾方向對調而睡。

提升健康運

在全屋底部中間擺放大石頭或大圓石春有助提升健康運，可將石頭或石春放於C房近牆處。

風水小貼士

把握機會，全力催谷未來半年喜慶事

在風水學中，每年的財星、病星及桃花星等均會轉到不同位置，而其中的九紫喜慶星雖然不太為人熟悉，但卻對刺激喜事有很大幫助。想結婚、添丁的話，就趕快在東北方，即二零二一龍年的喜慶位布陣催旺喜慶事吧！

九紫喜慶星

龍年位置： 東北

代表意思： 一切喜慶事，特別是結婚及生孩子

布陣適用期： 宜在每年流年九紫喜慶位布置，如二〇二〇年九紫位在正西，二〇二一年在東北。（九紫喜慶位可參考每年通勝或筆者每年出版的流年運程書）

布陣方法： 龍年的話，在東北位多放盆栽擺設，三或四盆皆可，但四盆的力量較強。

橫樑壓頂容易引致頭痛

Athena任職飲食界，現居大埔。

問：即將入伙的新居有橫樑壓頂的現象，問題大不大？

答：橫樑壓在身體哪啲部分，該部位便會出問題。

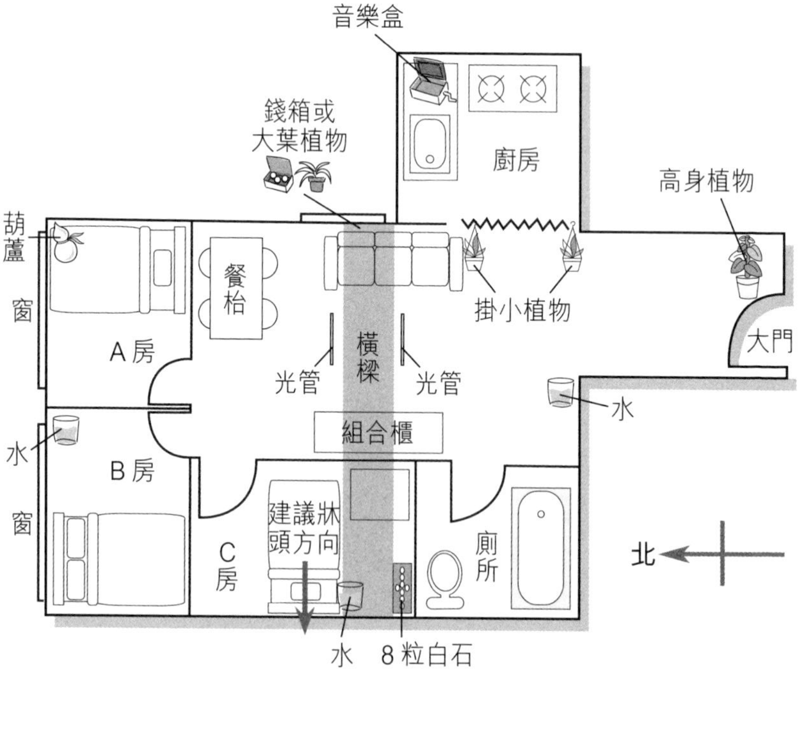

一屋都是問題

Athena即將與家人遷入新居，但新居問題不少，尤以橫樑壓頂為甚，加上家中主要成員皆屬熱命，二零零四年前運勢較弱。

適合此屋的風水局

化解廚廁兩門對沖

廚房門與廁所門對沖，前者屬火，後者屬水，形成水火交戰，對宅中人影響極大，主情緒容易波動，身體亦多小毛病。最佳的化解方法是，在廚房或廁所門兩旁各放一盆植物。

化凶位

A房睡牀為凶位所在，長期坐臥容易令人生病及脾氣暴躁，宜在房中放一個天然葫蘆瓜乾。

催財

梳化為財位所在，但受橫樑所壓，財氣會減弱，可放大葉植物或錢箱提升財運。

化解橫樑壓頂

此屋的飯廳及睡房的天花位置皆有橫樑，對全屋人的身體不利——梳化上見橫樑，問題不大，但睡牀上見橫樑，則會令身體被壓着的部位不適。

至於化解方法，就是布一個特別的風水局：在正北、正南及正西方位各放清水一杯，而正東則放音樂盒旺戶主命格，另外要在大門旁放高身及腰的植物，而飯廳的橫樑兩旁則或樑底安裝一支光管，化解客廳的橫樑壓頂。

化解牀頭對坐廁問題

C房的牀頭與廁所的坐廁相鄰，時間一久便會經常發噩夢及心情不佳，如不能移動睡牀，便須在牀頭對廁所方向放八粒白色石頭，以收安神之效。但因橫樑之關係，故最佳辦法仍是把牀頭移向西，這樣兩個問題都能徹底解決。

風水小貼士

「橫樑壓頂」可以無事

人人都説橫樑壓頂有問題，其實要視乎情況而定，因為橫樑壓頂分兩種，有可能即使頭頂天天見到橫樑，也可以平安無事。

（一）橫樑在中間

橫樑在屋宅或睡房中間，會把室內之氣分成兩段，因而構成兩氣從橫樑直下，對於在橫樑之下睡覺或工作的人不利。另外，凡橫樑壓着身體任何一部分，該部位都會出現問題。

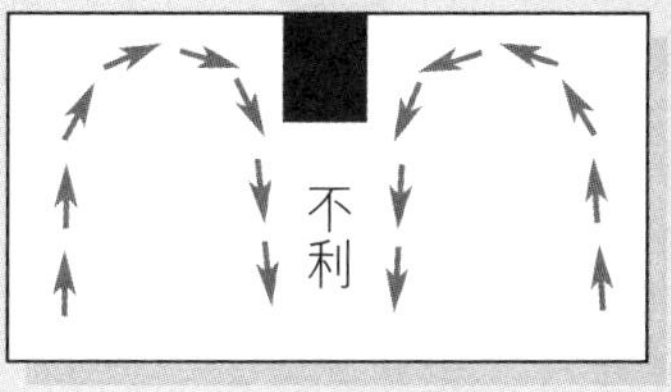

（二）貼角橫樑

由於貼角的橫樑無阻室內的氣體流動，所以不會構成煞氣。

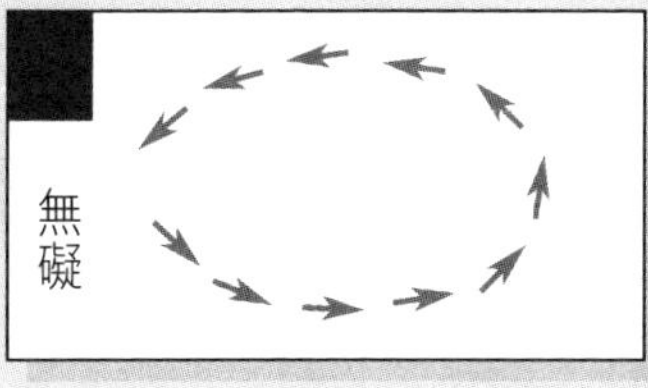

家中缺角，有好有壞

Tommy任職助理工程師，新居位於東涌。

問：明年入伙的新居有缺角問題，對風水有甚麼影響？

答：缺角之處屬普通位，對風水沒有影響。

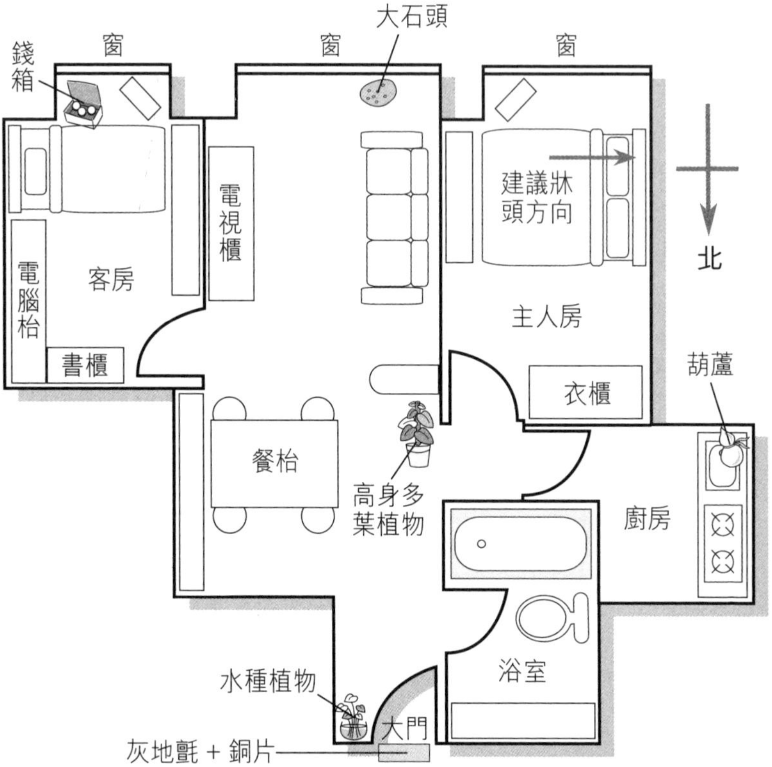

缺角不一定有壞影響

Tommy的新居坐南向北，二零零四年前入伙屬於旺財不旺丁，雖然健康運稍弱，但財運不俗。幸好宅內的風水間格不錯，雖然有缺角問題，但所缺位置並不影響風水，加上二零零四年此屋流年有入財之利，所以整體來說相當不俗。

適合此屋的風水局

聚財

客房為財位所在，要凝聚財氣，可於房內擺放大葉植物或錢箱。

提升健康運

在梳化旁的窗台位置放一塊大石頭或大圓石春，以保屋內人身體安康。

牀頭宜向西北

主人房睡牀牀頭以向西、北為佳，而全屋布置則宜用白、金、銀、黑、灰及藍等。另外，主人房為桃花位，本身已有利姻緣及人緣，如要進一步催旺，可放紅色物件，但提防桃花運太旺要令自己和伴侶承受太多外界誘惑，所以布陣前宜多加考慮。

擋漏財

大門對窗稍有漏財之象，雖不嚴重，但如不放心，可擺放屏風或高身多葉植物加以遮擋。

化凶位

廚房一帶為凶位所在，容易令屋內人身體不佳，宜在洗手盆下放一個天然葫蘆瓜乾化煞。

催財

大門旁長期擺放水種植物有助催財。

風水小貼士

缺角凸角要分清

家居並非完整四方形、長方形便容易出現缺角？但也可能是凸角而非缺角。無論缺角或凸角，其影響主要以相關位置的吉凶而定，有時缺角或凸角可能是好事呢！

缺角定義

不完整之處的長度，若少於家居長度的一半便屬缺角。

缺角影響

缺角會令屋宅失去某些風水位，如所缺位置屬凶位便以吉論，如屬吉位則作凶論。

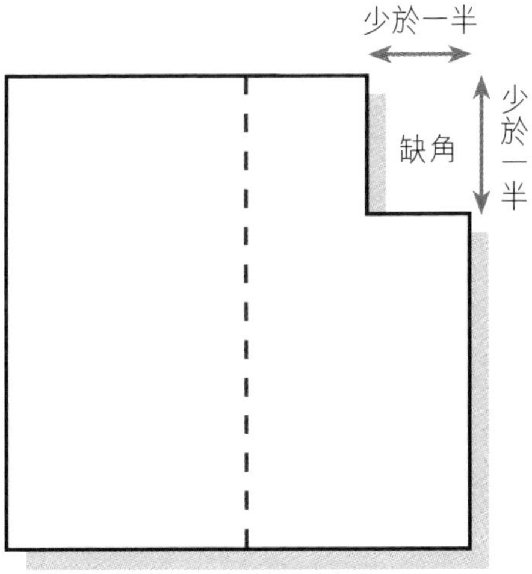

凸角定義

家中不完整之處的長度，若多於家居長度的一半，其餘的部分便屬凸角。

凸角影響

凸角會令某些風水位的影響進一步擴散，如該方位屬吉便作吉論，相反亦然。

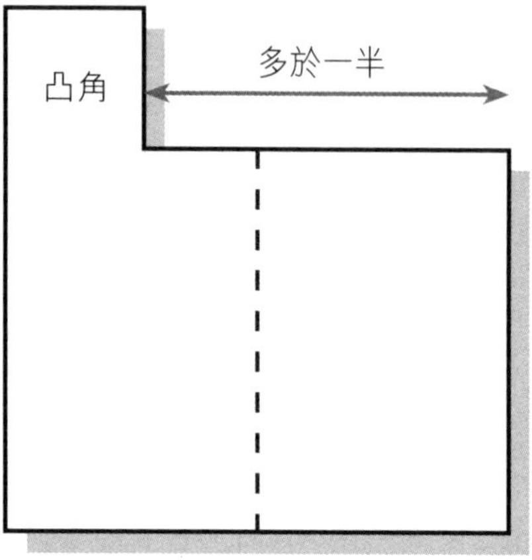

風水小貼士

二零二二年方位吉凶

家中各方位的永久吉凶家家不同，要作個別判斷，但流年方位則家家適用。對照下表，便可知家中缺角或凸角之處是吉是凶。

例如家中缺了東北位，則二零二二年的財運便會大大減弱了。

	北	
西		東
吉 武曲位	吉 桃花位	吉 財位
凶 盜竊位	凶 大病位	凶 爭吵位
凶 細病位	吉 喜慶位	吉 文昌位
	南	

二零二二年流年方位吉凶

找出大門方向吉凶

Cammy任職文員，現居屯門。

問：我家的坐向是甚麼？如何提升財運？

答：此屋坐西南向東北，要催財可在西北、東南及屋中間放一杯清水。

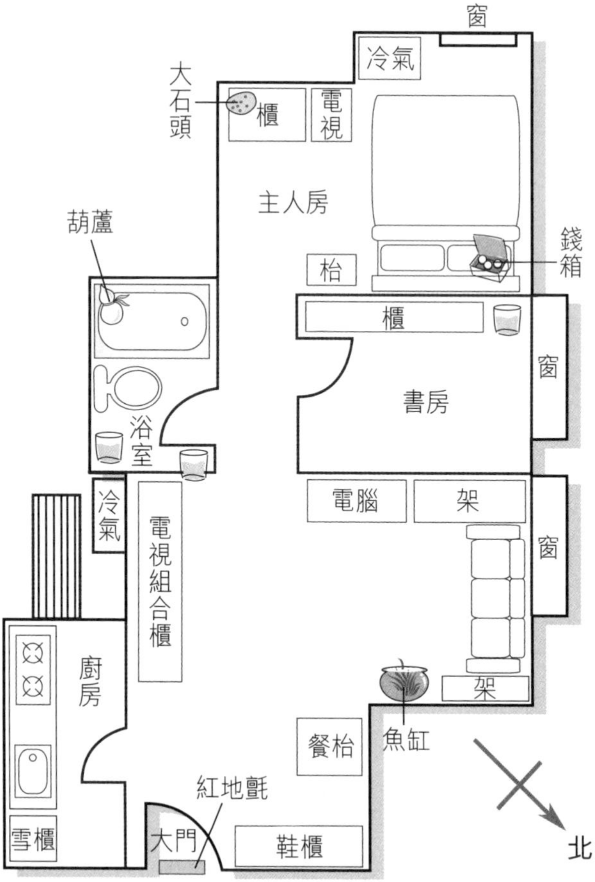

基本格局屬旺財不旺丁

根據家居坐向來説，Cammy 的住所二〇〇四前入住屬於旺財不旺丁格，即財運佳而健康無幫助，不過看風水要配合流年。此屋今年漏財情況嚴重，Cammy 兩夫婦的財運難免特別差。要補救的話，可以布一個特別的催財局，雖然只有數個月功效，但可大大改善此屋在二零一二年的漏財情況，所以大可放心。

適合此屋的風水局

提升健康運

如要提升家人健康運，可在主人房的櫃或電視機上放大圓石春或大石頭。

聚財氣

主人房的睡牀位置一帶為財位所在，如要凝聚財氣，可在該處擺放大葉植物或錢箱。

化病氣

浴室為全屋凶位所在，如要化解凶位所帶來的病氣及戾氣，可以放一個天然葫蘆瓜乾。

特別催財局

若想催谷財運，可在二零一三年立春前，在家中的東北、正西及西北方各放一杯清水。

引財氣入屋

如欲引財氣入屋，宜於二零一三年立春前在大門處放一張紅地氈，有助接財。

一條魚催財

Bob任職營業員，現居太子。

問：魚缸中要養多少條魚才可旺財？該放在哪裏？

答：一條魚已經可以，今年適宜放在正東方。

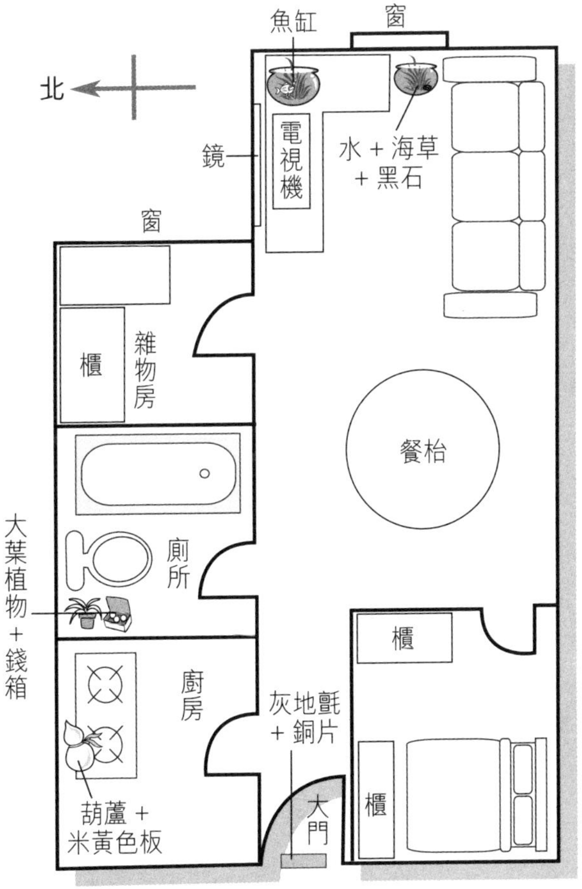

室內間格嚴重出錯

三十歲出頭的Bob在近幾年的財運及事業運均十分差，原來他過去正值一生人中最衰的十年。雖然今年的運勢開始逐漸穩定，但仍然要等到二零一零年至二零一五年才有好機會發展，尤其在二零一三至二零一五年間更佳。至於他目前的居所，坐向雖屬旺財旺丁，但室內間格卻甚差——宅內因缺角而失去桃花位，財位落在最易漏財的廁所，而凶位更位處廚房，令宅中人容易生病，運程自然差上加差！

適合此屋的風水局

小魚缸催財

要長期催財的話，二零一五年前可在正東擺放一個小魚缸（詳見第一六八頁的「風水小貼士」），對提升整體財運會有幫助。

特別催財局

希望催旺短期財運，同樣在正東方放一杯清水，並在杯內放一粒黑石和一株海草。但此風水陣只宜放三個月，且因當事人運勢太差，故特別催財局只能稍作補救，不可期望過高。

提升人緣

為補救因缺角而失去的桃花位，宜在電視機背後的牆安裝一面鏡，以吸回桃花位之氣，對感情及人際關係皆有幫助。

聚財氣

財位在廁所，宜在該處擺放大葉植物及錢箱聚財，避免財來財去。

化凶位

凶位在廚房，在此煮食會經常令人身體不適及脾氣暴躁，宜在爐灶下放一塊米黃色防火板及一個天然葫蘆瓜乾。

擋漏財

流年漏財頗嚴重，宜在大門處放一塊白色或灰色地氈，底下放一塊銅片改善。

風水小貼士

養魚要配合方位

很多人都喜歡養魚，其實養魚的確有催財作用，不過要配合適當位置才有用。

擺放位置

（一）大門附近（長期適用）
（二）西南方（二零零四至二零二三年適用）
（三）北方（二零二四至二零四三年適用）

養魚數目

基本上，即使只用氧氣珠飼養一條小金魚，已有催財作用。當然，如果你的家居面積比較大，想擺放一個較大的魚缸，缸內的魚便應有兩組不同的顏色或種類，並作下列配搭：

（一）一條A組魚＋六條B組魚

（二）二條A組魚＋七條B組魚

（三）三條A組魚＋八條B組魚

（四）四條A組魚＋九條B組魚

註：如果想詳細得知個人的養魚數目，可參看《風水天書》。

廚房位置預測家宅健康運

Edith任職市場經理，現居大圍。

問：此屋的風水會否影響我與男朋友的感情？

答：廚房對廁所，日日吵架無停口！

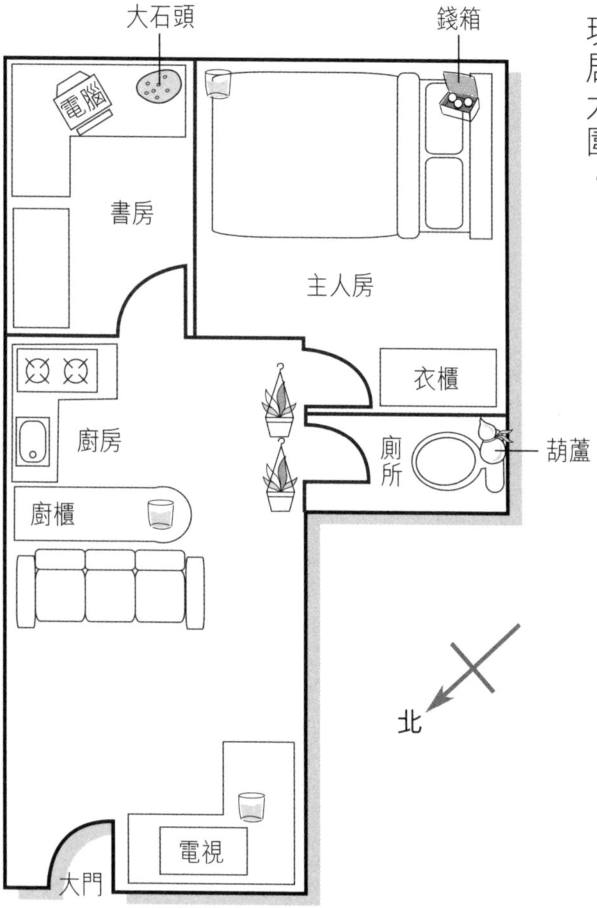

吵架屋不利同居

Edith與男朋友近日一起搬進新居，原本打算過着幸福的二人世界生活，不過此屋風水不佳，既不旺財又不利身體，加上廚房採用開放式設計，變成廚房直對廁所，不單有損健康運，更會令人脾氣暴躁，同住一屋容易整天吵架！

適合此屋的風水局

提升健康運

在書房近窗的枱角放一塊石頭或大圓石春，可提升宅中人的健康運。

聚財氣

雖然此屋風水不佳，但主人房位處財位，若長期在此坐臥有助提升財運及健康運，所以總算是凶中藏吉。如要進一步加強財氣的話，可在此方擺放大葉植物或錢箱。

化爭吵

廚房直對廁所，不單會令人情緒時高時低，嚴重者，更容易引致心、眼及皮膚等部位的毛病，所以一定要在廁所門兩旁各掛一小棵植物化解。

化病氣

全屋凶位在廁所，宜在該處擺放一個天然葫蘆瓜乾，以減低病氣及屋內人爭吵機會。

風水小貼士

看廚房位置做身體檢查

身體再強壯也有生病的時候，原來屋中的廚房位置可用以預測一家人的潛伏疾病。如果你家中的廚房是凶位所在，則發病的機會將大大增加。

第一步——檢查廚房位置

拿着指南針面對家中大門，看看廚房的所在方位，然後對照下表，便可得知家中各人最易患上的毛病。

正北	腎、膀胱、泌尿系統
東北／西南	腹部、腸胃消化系統
正東／東南	肝、膽、手腳

正南	心、眼、皮膚、血液循環
正西／西北	肺、呼吸系統、骨骼關節

第二步——檢查全屋凶位

接着看看全屋的凶位會否剛好落在廚房，若然的話，必須馬上在廚房內放一個天然葫蘆瓜乾，並在灶底放一些米黃色物品（如防火板），否則家中各人會不時病倒，尤以負責煮食者為甚。另外，如凶位落在其他位置，同樣可擺放葫蘆化解。

大門對街的方向	凶位在
正北	正西
東北	東南
正東	正南

東南	正東
正南	東北
西南	正北
正西	西北
西北	西南

提升戀愛運法寶

Vanda待業，現居藍田。

問：我家的桃花位在哪裏？如何催旺姻緣運？

答：桃花位在廚房，想提升愛情運可於睡房內布陣。

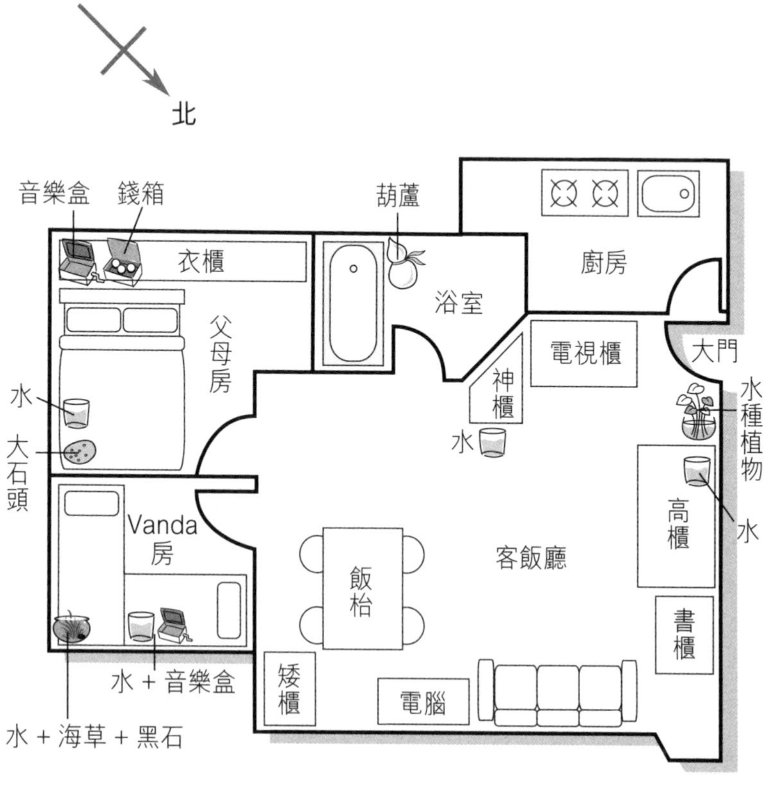

桃花旺宜多加把握

由於Vanda已有一段時間未有戀愛對象，所以非常關心自己的姻緣運。無巧不成話，Vanda一生中最重的桃花年份就在今年，實宜好好把握，太被動的話恐會痛失良機。

適合此屋的風水局

特別催財局

全屋的財位在父母房，宜於此處擺放大葉植物或錢箱。另外，此屋的坐向在二零零四年前入伙屬損財傷丁，需要額外布陣補救——在東南方（父母睡房牆邊）、全屋中間（神櫃外側）及西北方（大門高櫃）各放一杯清水。

提升健康運

在父母房的牆角位置擺放一塊大石或大圓石春，有助提升全家的健康運。另外，二零一一年流年細病位在正南，宜於父母牀頭旁邊擺放音樂盒或風鈴，有助化解小毛病。

加強姻緣運

家中桃花位在廚房，經常入廚可提升桃花及人緣運。另外，東北為流年桃花位，於自己睡房內的東北位（即牀邊）擺放一杯水及音樂盒，有助加強愛情運。

失業風水陣

見工前可在正東，即自己房內的牆角擺放一杯清水，並在水中放一株海草及一粒黑石。此陣只宜擺設三個月，希望為運勢較差的熱命人Vanda稍稍補救事業運。

化病氣

凶位在浴室，宜於該處擺放一個天然葫蘆瓜乾，有助減低患病及爭執機會。

聚財氣

大門旁邊擺放水種植物，有助引入財氣，改善家宅財運。

風水小貼士

十二生肖獨特戀愛陣＋約會秘技

擇偶條件因人而異，戀愛風水陣當然亦應度身訂造。只要參看下表，對照自己的生肖，便可以找到提升戀愛運的法寶了。

生肖	風水陣（適用於家居及辦公室）	約會秘技
鼠	正東放植物	宜多穿戴綠色衣服或木製飾物。
牛	東北放植物	宜多穿戴綠色衣服或木製飾物。
虎	東北放石頭或米、啡、黃物品	宜多穿戴米、啡、黃色衣服或天然石製飾物。

兔	正北放水	宜多穿戴黑、灰、藍色衣服或有水的飾物。
龍	西北放水	宜多穿戴黑、灰、藍色衣服或有水的飾物。
蛇	西北放石頭或米、啡、黃色物品	宜多穿戴米、啡、黃色衣服或天然石製飾物。
馬	正西放音樂盒或白、金、銀色物品	宜多穿戴白、金、銀色衣服或金屬飾物。
羊	西南放音樂盒或白、金、銀色物品	宜多穿戴白、金、銀色衣服或金屬飾物。
猴	西南放石頭或米、啡、黃色物品	宜多穿戴米、啡、黃色衣服或任何石製飾物。

雞	正南放紅色物品或紅、橙、紫色卡紙	宜多穿戴紅、橙、紫色衣服或電子、發光等飾物。
狗	東南放紅色物品或紅、橙、紫色卡紙	宜多穿戴紅、橙、紫色衣服或電子、發光等飾物。
豬	東南放石頭或米、啡、黃色物品	宜多穿戴米、啡、黃色衣服或天然石製飾物。

正宗現代姑婆屋

趙詠玲，任人力資源主任。

住宅：沙田，兩房一廳，姊妹倆同住。

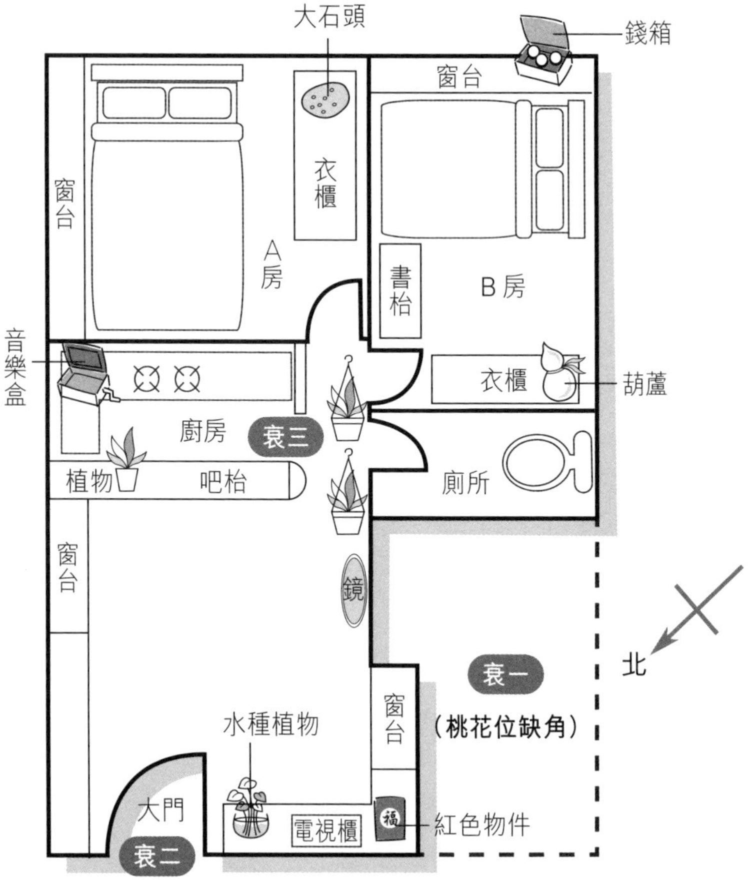

住宅四大害

這間屋的風水可說是「晴天霹靂，衰到冇人有」，它既沒桃花，又不旺財，宅中人整天吵吵鬧鬧、經常生病，可說是「恐怖樣辦」，還幸屋主本身的運氣不算太差，起碼有幸運之神眷顧。

衰處一：桃花位缺角，難有姻緣

「這間屋沒桃花位，不要指望嫁得出！」此屋正西方缺角，正好是桃花位所在，故住在此屋者實難有姻緣，即使正在拍拖，感情亦會逐漸減淡。

「我看過那麼多屋，沒桃花位真的好難嫁得出！」其實，欠缺桃花不單不利感情，就連對人際關係亦有負面的影響，後果十分嚴重。

化解方法

在缺角位放一塊鏡，用意是放大此位置，將桃花位加強。

衰處二：大門向東南，二零零四年前丁財兩不旺

此屋財位在正南方，剛好是B房所在之位置。事實上，無論一宅之病氣有多重，皆不會對睡於財位者有所影響；可是，A房只屬普通吉位，所以睡在A房的人難免受到較大影響，甚為不利。

化解方法

大門旁邊放水種植物催財；全屋後面中間位置放大圓石春或石頭，以保家宅平安、宅內人身體健康。財位（B房）可放大葉植物或錢箱（任何散紙兜）聚財；至於全屋最衰位（B房衣櫃），宜放葫蘆化病化爭吵。

衰處三：廚房對廁所，水火交戰

開放式廚房對着廁所門，造成水火交戰，主爭吵，並會令腎、膀胱及泌尿系統（主婦科病）、皮膚或心血管循環系統等易生毛病。另外，大門直沖廚房爐灶，無遮無擋，同樣容易令人生病。至於所有睡房的牀頭位置均以放於入門對角處為佳，

故B房牀頭宜置於另一邊，否則容易令房內人情緒不穩。

化解方法

廁所門兩旁各吊掛一棵植物，化解水火相沖。在大門旁邊及廚房吧枱位置放植物，紓緩病氣衝擊。

衰處四：流年遇伏刑，諸事不順

勘察一間屋的風水，除了要看以上的永久格局外，還要留意每年的流年運局。一般的流年家居局勢大致可分為漏財或入財兩種，而這間屋就偏偏遇上伏刑。

伏刑的出現會令居住者諸事不順、心情不佳，做事經常沒有方向感。另外，今年細病位落入廚房，在此煮食會令氣管及呼吸系統出現毛病。

化解方法

正西放紅色物件，西北放水，廚房則放音樂盒，可化解伏刑。

財位在廁所，沒多餘錢

陳嘉麗，任會計。

住宅：黃大仙，四房一廳，七人共住。

一間屋的坐向當然重要，但亦不可小覷宅內的風水方位，就好像這間屋的坐向雖屬旺丁旺財格，但因屋內財位落於廁所，所以無論有多少錢財都容易被沖走。

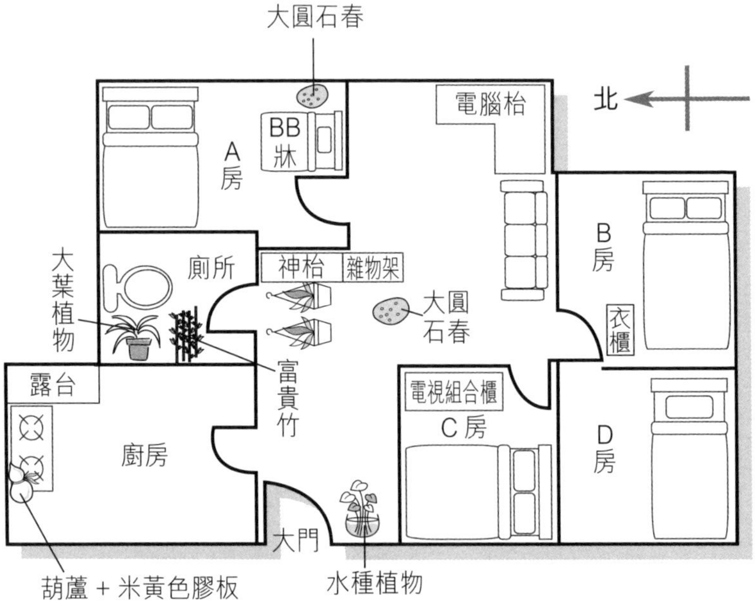

永遠佈局

永遠佈局是長久的風水陣，為針對核心問題而設。這間屋的風水其實有九十分，不過要處理好下面的問題，才能真正發揮旺丁旺財的功效。

廁所——植物化漏財

此屋的財位及文昌位都位於廁所，如果要化漏財，可於廁所內擺放大葉植物；至於文昌位管讀書考試及個人生意業務，可放四枝富貴竹催旺。

廚房——葫蘆化病氣

全屋最衰位落在西北方的廚房，會令在此煮食的人容易生病，而西北屬金，主頭、胃、肺部及關節容易受損。當務之急，於灶底放一個天然葫蘆瓜乾，並於爐頭下放一塊米黃色的防火膠板或瓷磚，化解病氣。

A房——銅片化桃花

A房為桃花位所在，由於是已婚夫婦的房間，故可按工作性質來決定是否需要化解——若工作要面對人群，則桃花有利人緣；否則可放大於掌心的銅片化解，避免婚姻生枝節。

大廳——植物化相沖

廁所門對着B房門，會導致房中人的腎、膀胱及泌尿系統易生問題，化解方法是，於廁所門兩側各掛一棵植物。另外，可於A房及大廳中間放大圓石春，以保宅內人身體平安。大門旁邊可放水種植物催財。

風水小貼士

睡牀牀頭

牀頭以置於房門之對角位為佳，西曆三月六日後至八月八日前出生者牀頭宜向西、北，西曆八月八日後至三月六日前出生者牀頭宜向東、南。

若二人同住一房而有利方向剛巧不同，宜彈性處理，一般以遷就外出工作者為佳；若為全職夫婦，則遷就行運者。

以上述A房夫婦為例，妻子屬寒命（八月九日至三月五日出生），二零零三年前運氣較佳；丈夫屬熱命（五月六日至八月八日出生），運勢無甚起色，故牀頭應置於有利妻子的東南方。

向廟貼反光紙擋病氣

自去年開始，林先生、林太及小兒子的身體經常出現毛病，林太已於主人房內放了一個葫蘆，希望能化解病氣。然而，家中窗口正對高壓電纜，東北方位面向觀音廟，而西北位又面向骨灰龕，會對健康構成影響嗎？

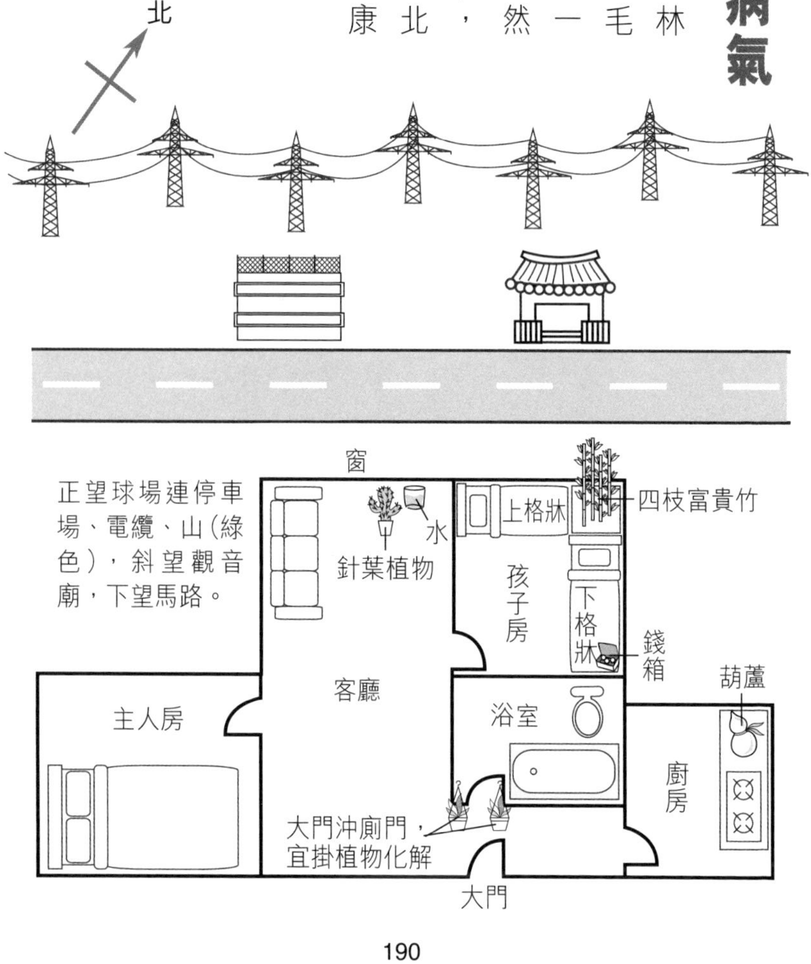

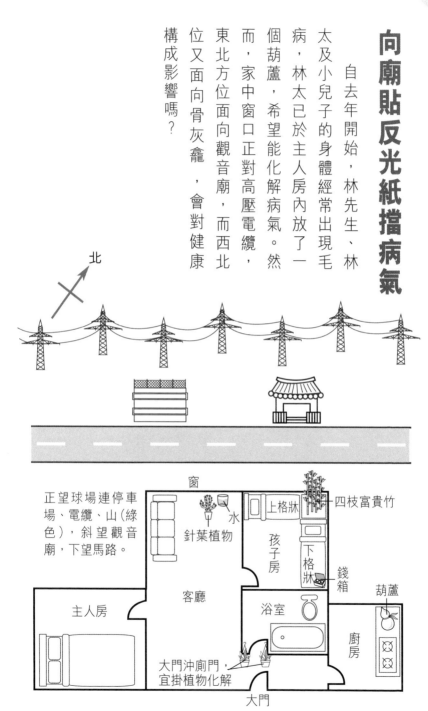

家宅要催財催丁

林宅大門向東南，全屋凶位在正東（廚房），財位在東北（孩子房），桃花及文昌位在正北（孩子房），因財位不在主人房，故對屋主起不到催財作用。整體來説，此宅屬不旺丁不旺財之局。

適合此屋的風水局

毛筆助學業運

在孩子房角的文昌位放一枝毛筆或四枝富貴竹，會對小朋友的學業運有幫助。

錢箱聚財氣

財位落在小朋友房間，於下格牀放錢箱有聚財之效。

放擋煞物

窗戶正對高壓電纜，形成火煞，會對心、眼、皮膚、血液、循環系統造成負面影響。化解方法很簡單，就是在窗前放針葉植物如仙人掌，再於植物前放一杯水，或於窗面貼反光玻璃紙遮擋。

轉換顏色

林先生與小兒子的命格屬百搭命，牆身家具可以用任何顏色，但以白、金、銀、黑、灰、藍比較有利。至於大兒子則要木要火，宜用暖色，即青、綠、紅、橙、紫。

鎮壓凶位

由於凶位在廚房，林太宜將原本放在主人房的葫蘆移放至廚房的灶底，以化解家宅的病氣。

動土煞重

Amy任職會計文員，現居於荔枝角。

問：搬入此屋後，爸爸便患上重病，是否受附近的小學地盤所影響？

答：當然有問題！工程完成後，影響仍會持續兩至三個月。

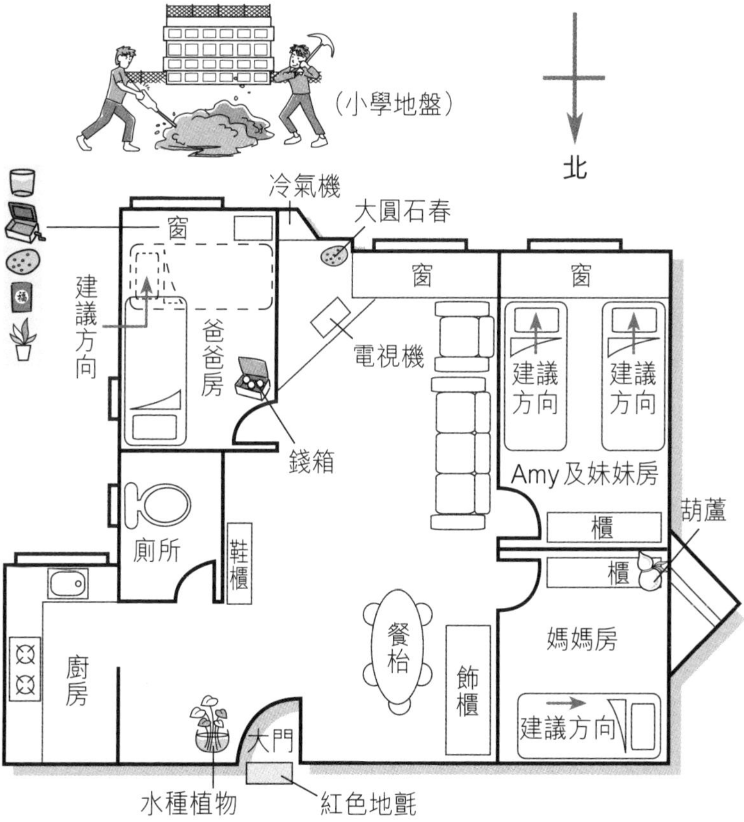

動土煞加重病情

Amy指父親搬入此屋的半年來，一直身患重病，故急於查證是否風水所惹的禍。其實，住宅附近有地盤，已經犯了動土煞，對身體不利；加上Amy爸爸的房間佈局又問題多多，且世伯已一把年紀，難怪身體會愈住愈差。

風水陣

化動土煞

父親房間對窗位置可按下列次序擺放化解物品（左右皆可）：清水（忌蒸餾水）、音樂盒（忌電子款式，宜用上鏈金屬發聲音樂盒）、石頭、紅色物件、小植物。即使地盤工程完成後，仍要多放兩至三個月，以沖散煞氣。

化病氣

牀頭不宜靠近廁所，所以必須移位，最好睡在窗口附近，牀頭宜向東南。另外，廳中電視機附近可放大圓石春，媽媽房放一個葫蘆，以保身體健康。

催財

事實上，父親房間為財位所在，故宜擺放大葉植物或錢箱以凝聚財氣。另外，大門旁邊可放水種植物催財，而大門外側放紅地氈一張以擋漏財。

父親房間問題逐個數

父親房間的佈局不但弊病多，而且全部有損身體健康，不生病才怪：

窗外對地盤——天天對着動土的地盤，煞氣直沖房內。

牀頭近廁所——牀頭靠坐廁，容易令人腎部不佳，記性差。

房門沖牀頭——開門便對正牀頭，直沖頭部，本來問題不大，但就會加強以上兩點的破壞力，令身體不佳。

風水小貼士

特別建築物的影響

一般來說，影響住宅的窗外景物，大多是天橋或樓對樓等問題。其實，一些較特別的建築物同樣會影響附近住宅的運勢，本篇教你逐一化解。

學校（吉）

生氣特別旺，對身體較弱的人很有幫助。不過，要留意學校發出的聲浪會否令人感到不安，畢竟對噪音的感覺可以因人而異，但總括而言仍是吉多凶少。

警署／消防局／軍營／醫院／教堂／廟宇（小凶）

住宅或店舖面向這類建築物，煞氣甚大，若沒有使用適當的方法擋煞，恐怕會令宅內人身體出現問題，或使店舖倒閉。

化解方法：除教堂和廟宇外，窗外正對着這類建築物的話，均可在對沖的位置擺放多葉植物化解。

至於教堂和廟宇，因為多人朝拜，所以煞氣極重，須請專家勘察才可決定以何種方法化解。

一條電燈柱令人休克

電燈柱（大凶）

窗口面對電燈柱，會把火氣引入宅內，小則令人身體不適、易發脾氣，大則有火災之可能。如果是正對電燈柱的正面，情況最壞，由於燈頭的外形仿似毒蛇一樣，可令屋內人輕則皮膚痕癢，重則休克昏迷。

化解方法：面對電燈柱的話，可擺放一杯清水或一面凸鏡（如面對其他住宅則不宜採用）；如對着電燈柱的燈頭像蛇形，則可放一鷹狀物品（鷹吃蛇），並避免在窗戶附近坐臥。

擺錯鏡，怪病臨門

陳小姐任文職工作，現居筲箕灣。

問：大門附近放了一面全身鏡，有沒有問題？

答：全身鏡對正廚房門，加上位處流年大病位，既易生病又多爭執。

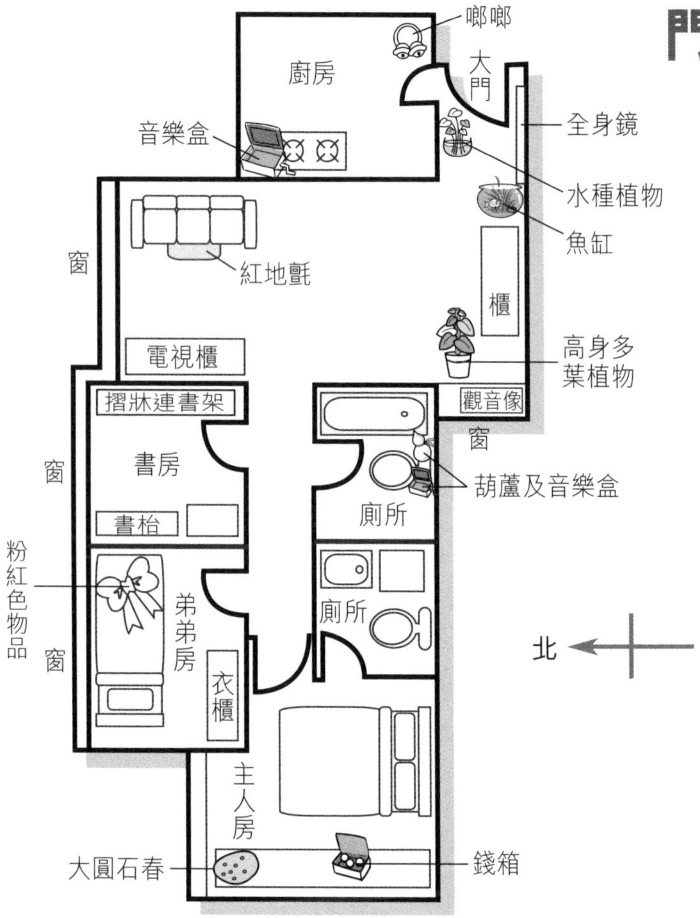

擺錯鏡破壞好風水

陳小姐的家居風水原本很好，因為坐西向東，二零零四年前入伙基本上屬旺財旺丁（旺丁即身體健康）格局，而屋內最重要的財位、桃花位及凶位又分布得宜，所以應該丁財兩旺才對。不過，由於陳小姐擺錯了一面全身鏡，再加上幾個流年風水小問題，才會引致宅中人經常病倒，家中亦多爭吵。

三大弊病

全身鏡對廚房門

家中有鏡對着任何房門，均易招惹疾病及爭吵而對廚房尤甚，加上廚房位處正東，屬二零一一年流年大病位，全身鏡正對廚房更會使病氣擴散至走廊，令家中各人進出時更易沾染病氣。

睡房土木交戰

兩間睡房都靠近西南，而西南今年屬於土木交戰，對腸胃消化不利。

梳化處於肚屙位

梳化位置靠近西北，在二〇一一年風水上不宜長期坐臥，否則容易引起肚瀉等腸胃毛病。

適合此屋的風水局

化病

全身鏡必須移走或用屏風之類的東西把它完全遮蓋；廚房門後宜掛一個「啷啷」，並於爐灶附近擺放一個上鏈音樂盒，不時扭動發聲；梳化底放一張紅地氈；洗手間為凶位及流年細病位，宜放葫蘆及音樂盒化解。最後，可於兩間睡房多放粉紅色物件化解土木交戰，而主人房的衣櫃內則可放大圓石春，以保家宅平安。

催財

大門旁邊放水種植物催財，而大門對窗位置則放高身多葉植物擋漏財。主人房是財位所在，宜放大葉植物或錢箱聚財。

催姻緣

心急想招姻緣的話，可於大門後放一個魚缸，並在水內放海草、一顆石頭及一條魚，不可用假東西代替。

風水小貼士

家中鏡子忌諱

人人家裏都有鏡，而鏡又是傳統的風水物品，有收煞及反射的作用，若然胡亂擺放，便會造成或大或小的影響。現在就馬上看看你是否已不小心「中招」了，萬一真的「中招」，就要速速把鏡子移走，以免夜長夢多。

鏡對大門

鏡子正對大門，會將家中的財氣反射出去，故一般均屬不吉，除非是風水極差的房子才可用此方法，但需要詳細勘察才可定奪。

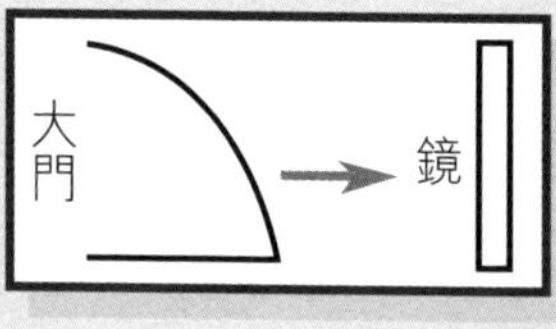

鏡對廚房門

家人的心、眼及皮膚易生毛病，而且廚房屬火，會令家人的脾氣變得暴躁。

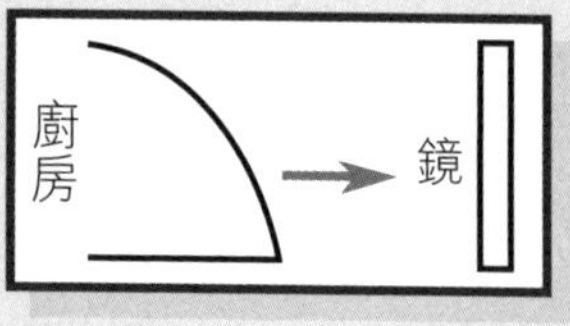

鏡對廁所門

家人的腎及膀胱等泌尿系統易出問題。

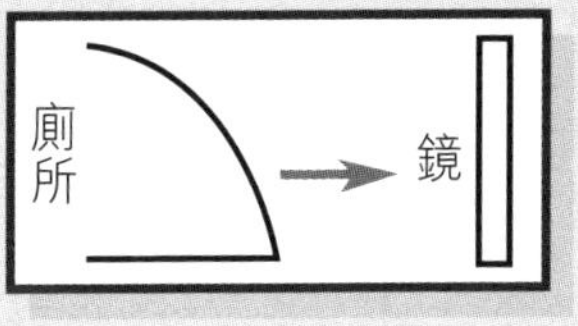

鏡對睡房門

家人易有小毛病及互相爭吵。

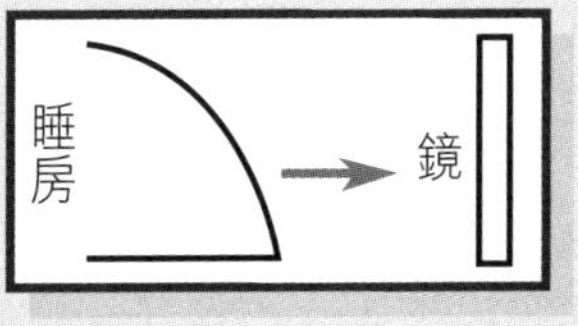

鏡對牀頭／牀尾

睡在該牀的人易見頭暈，而且容易情緒不穩。

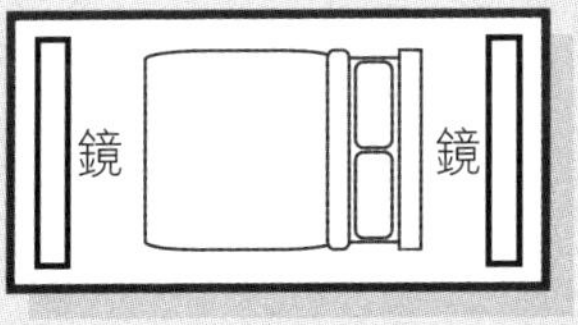

入住年份影響家居風水

Flora任職於銀行，新樓位於深水埗。

問：我和男朋友買了樓，二零零三年年底入伙，裝修時要注意甚麼地方？

答：如何裝修事小，延遲入住事大！

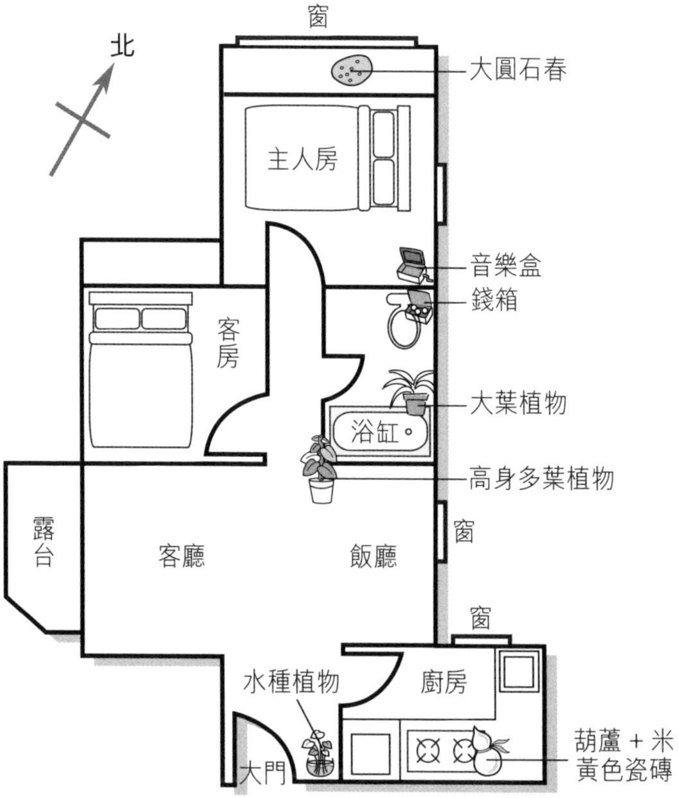

順延入伙時間，扭轉風水敗局

剛剛買了樓的 Flora 原定的入伙時間原來非常不利——她打算於二零零三年十二月入住新屋，但因其屋宅坐向在二零零四年前屬損財傷丁格局，所以，Flora 必須將入伙時間推遲至二零零四年二月四日（立春）後，如此則新屋的風水格局將變成旺財旺丁格。

新屋風水陣

選擇吉利時間入伙，雖然改變了整體的風水格局，但只屬基本影響，屋內還要仔細佈局才可。

催財

除在大門旁邊放水種植物催財外，由於財位落於廁所，故必須在廁所內放大葉植物（如黃金葛）擋漏財及放錢箱聚財。另外，因大門直沖主人房的窗口，形成漏財現象，所以宜在大門與主人房門口之間（如廁所旁邊）擺放高身多葉植物遮擋。

旺健康

廚房為凶位所在，宅內人特別容易有手腳、肝膽毛病，而負責煮食者問題更大，宜在灶底擺放一塊米黃色防火板或瓷磚及一個天然葫蘆瓜乾。另外，在主人房近窗位置放一塊大圓石春，可保屋內各人平安。

催人緣

主人房為桃花位所在，對房內人的人際關係非常有利。如宅主人從事要面對人群的工作，不妨放音樂盒催旺人緣，但若想化掉一點桃花，可放植物化解。

風水小貼士

自己檢查家居風水格局

同一坐向的住宅，在不同年份入伙在風水上大有不同，其原因是七運和八運的關係。你只要拿着指南針面對家中大門，便能計出家宅的坐向，然後再看看入住年份到底屬於七運或八運，便能得知自己家居的基本風水格局，以及將來搬屋買樓哪個坐向最為有利。

為甚麼分了七運和八運？

玄學上，每二十年列作一運，合計有九運，即每一百八十年為一個循環。二零零四年立春日（二月四日）起，便進入八運而在不同數運中，各方向的吉凶亦會有所轉變。

風水格局一般按入伙時間計算，所以除非室內布置在每運交接期間曾作重大改動，否則不會受數運的轉變所影響。

若入住了損財傷丁的風水格局，一般需要經過專家觀察才可作詳細布陣改善，但短期內可用最基本的催財及保健康方法暫時「止痛」。

若屬損財局，可在大門旁邊放水種植物，有助催財；若屬傷丁局，則宜在全屋最後面的中間位置（以對着大門方向計）放大圓石春或石頭，以保一家人身體平安健康。

坐向	「七運」中格局（1984-2003 年）	「八運」中格局（2004-2023 年）
大門向東	旺丁旺財	旺丁不旺財
大門向東南	損財傷丁	旺財旺丁
大門向南	旺丁不旺財	旺財不旺丁
大門向西南	旺丁不旺財	損財傷丁

大門向西	旺丁旺財	旺財不旺丁
大門向西北	損財傷丁	旺丁旺財
大門向北	旺財不旺丁	旺丁不旺財
大門向東北	旺財不旺丁	損財傷丁

住近斜路，破財又吵架

Joey 任文職工作，現居長洲。

問：窗外看見斜路、警署、垃圾站及公廁，會有甚麼問題？

答：輕則吵架，重則火災。

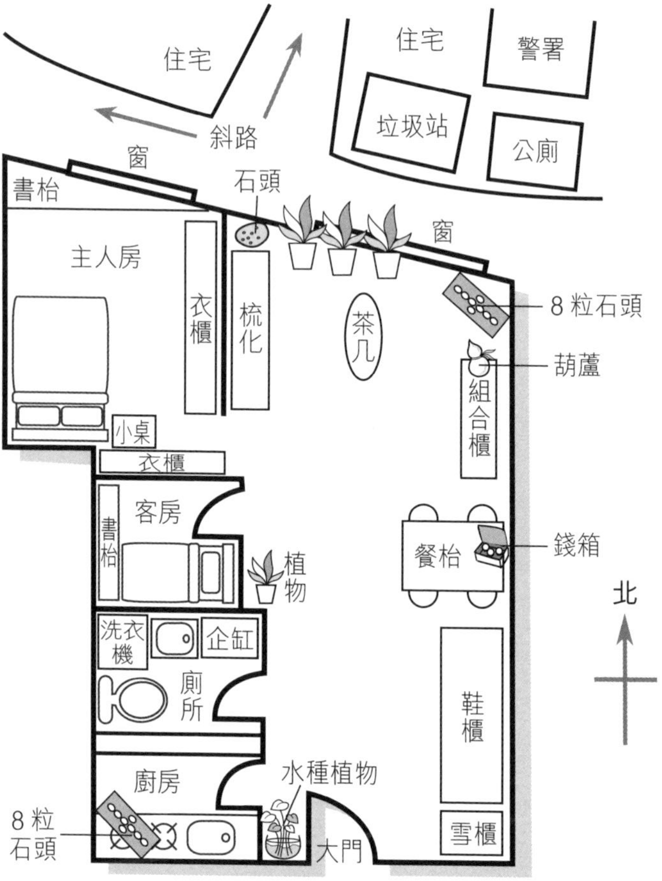

屋外見大馬路，易生火災

斜路、警署、垃圾站及公廁，統統都帶煞，偏偏位於長洲的Joey家卻可盡覽這些建築物，可說是頗「別具一格」。在風水學上來說，馬路的煞氣特別重，所以此局以斜路對屋宅的影響最大。假如車輛流量大，而又居住在低樓層，家中隨時可能發生火災。如無車流亦會引致爭吵、損傷。

適合此屋的風水局

化爭吵

在客房與廁所之間的位置放植物，有助化爭吵。

增進感情

如要進一步促進夫妻間的感情，可於西南方（廚房）及東北方（組合櫃）各放八粒石頭，但此陣同時有催旺生兒育女之效，布陣前宜多加考慮是否合乎家庭計劃。

催財

大門旁邊放水種植物，以加速財氣流動。

化煞

雖然 Joey 所住的長洲鮮少見到車水馬龍的情況，但因窗外同時對着警署、垃圾站及公廁，煞氣不弱，所以宅內人容易出現爭執。最好的化解方法是，在窗邊擺放多盆植物，若不可行，便在窗上貼上反光玻璃紙遮擋，但要留意窗口有否對着其他住宅，以免造成損人利己的格局。

化病氣

組合櫃位在凶位，宜放一個天然葫蘆瓜乾化解病氣，另於梳化旁邊放一塊大圓石春或石頭，以保家人身體健康。

聚財

餐枱為財位所在，可擺放大葉植物或錢箱聚財。

風水小貼士

三種不利地形

住宅附近有斜路，不單容易令宅中人發生爭吵，亦有漏財現象。至於住在「掘頭路」或低窪地帶的女性，甚至容易嫁不出，實宜布陣補救。

門前有斜路往下主破財

門前或窗外有斜路，除了令宅中人易生爭執外，更會因氣流隨斜路流走而形成漏財之局。

化解方法：在大門對開三、四尺之距離放一面屏風或一盆高身多葉植物遮擋。

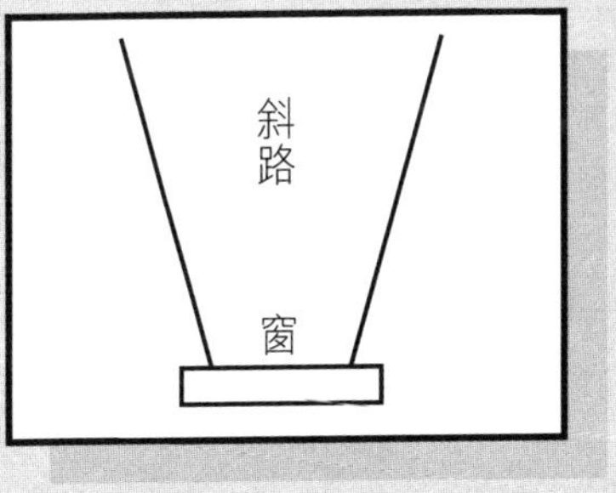

住在「掘頭路」，不利姻緣

「掘頭路」陰氣重，未婚女性住在陰地難以結交異性；男性則缺乏幹勁，做事容易拖泥帶水，不過，對於性格陰柔的男性，則事業反而容易成功。

化解方法：住宅窗戶要開揚，燈光宜盡量光猛。

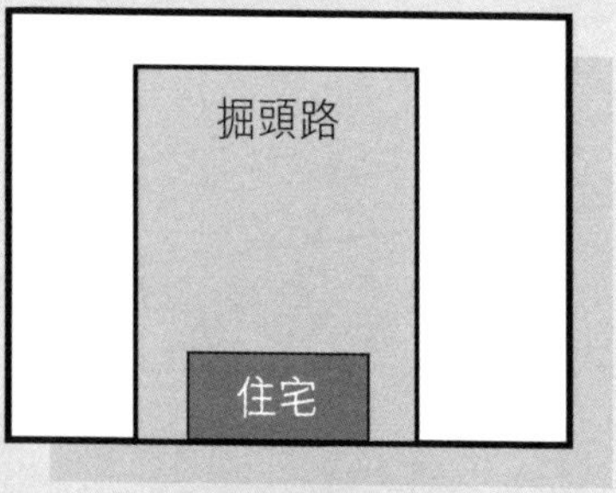

住在低窪地，主夫婦離異收場

住在低窪地者容易事業不振、夫婦離異及破產收場，如位處低窪地區的底部，問題更加嚴重。

化解方法：最好便是搬走，如不可行，日間宜盡量把窗戶打開，並於門前安裝長明燈，以增強陽氣。

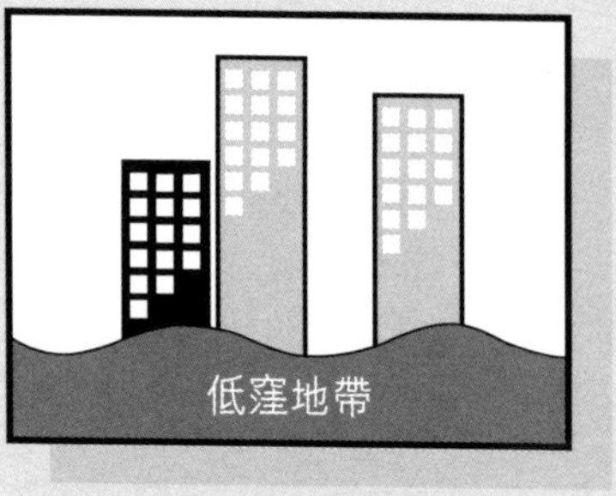

擺錯牀位發噩夢

封太，待業，現居屯門。

問：我已經懷孕八個月，家中風水會否影響快將出生的BB？

答：大門直沖房門再沖BB牀再沖窗，容易影響健康。

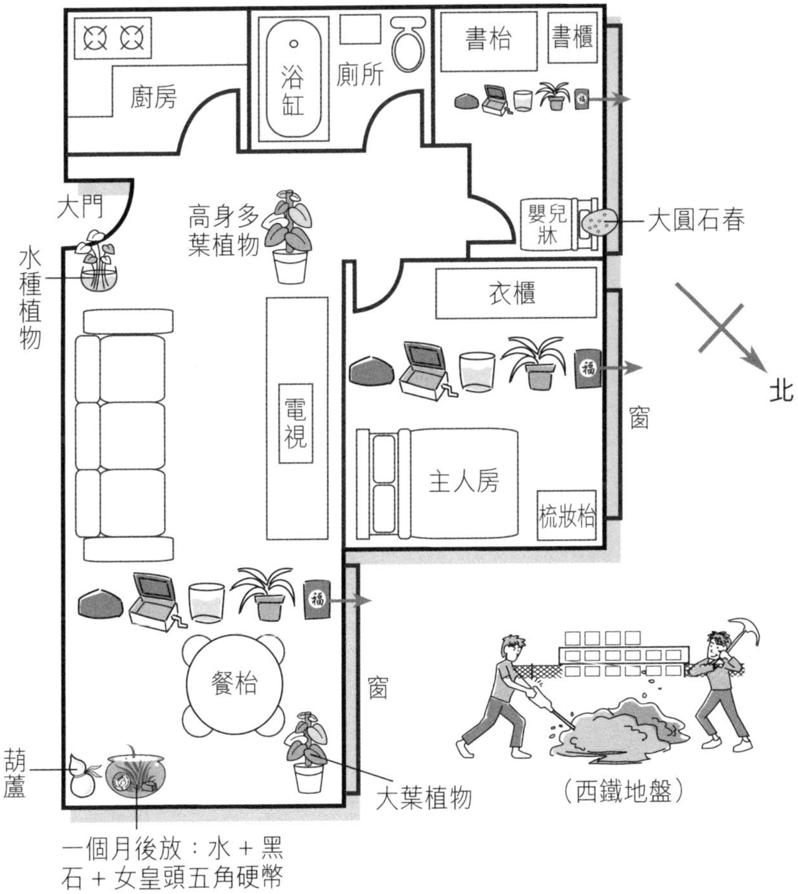

入伙後噩運纏身

封太自去年底搬入此屋後便諸事不利——夫婦二人先後失業又多病痛，最擔心的是，自己已經有了八個月身孕，害怕風水問題會影響孩子。入宅一看，發現此屋風水很差，且夫婦倆又在行衰運，所以麻煩特別多；加上屋中有兩大風水弊病，一定要速速改善。

弊病一——ＢＢ牀擺錯位

大門正對ＢＢ房門再直沖出窗，本已形成漏財格局，且會對宅中人的健康構成負面影響。將嬰兒牀放在面對房門的位置，對ＢＢ健康更加不佳，恐怕ＢＢ會疾病連年。

弊病二——窗外有大型地盤

對此宅帶來不良影響的罪魁禍首，其實是窗外對正的西鐵地盤。事實上，西區煞氣甚重，加上工程時間又長，屬於最嚴重的動土煞，對家人健康非常不利。

化解方法

化煞氣

在大門對嬰兒牀的通道位置放高身多葉植物，並將嬰兒牀移離房門直沖之處。另外，嬰兒房、主人房及餐枱的對窗位置，均要擺放一套針對西北方動土煞的風水物，物件的擺放次序為——紅色物件、植物、一杯水、音樂盒及石頭（對窗擺放）。

保平安

在嬰兒房房門對窗位置放大圓石春或石頭，並在客廳梳化旁之角落放置天然葫蘆瓜乾。

催財

餐枱近窗處為財位，宜在角落放大葉植物聚財，而大門旁邊則放水種植物催財。若希望催旺工作運，可在布置以上風水陣後一個月（因不可同時催谷太多風水），於靠近梳化的角落（正東方）放一杯水，並在裏面放一顆黑石及一個女皇頭五角硬幣（女皇頭代表強盛的氣勢）。

風水小貼士

安牀吉凶要訣

除了嬰兒牀後，強壯如牛的大人若擺錯睡牀位置，輕則睡不安寧，重則情緒不穩，影響生活及工作，所以一定要把睡牀安放妥當，才會睡得安穩又舒適。

最佳睡牀位置：房門對角作牀頭

以房門對角線之處作牀頭，是風水上的永遠吉位，能令人睡得香甜，少發噩夢。

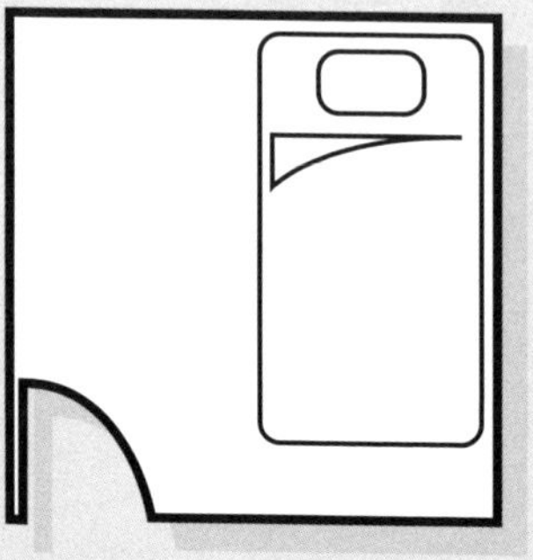

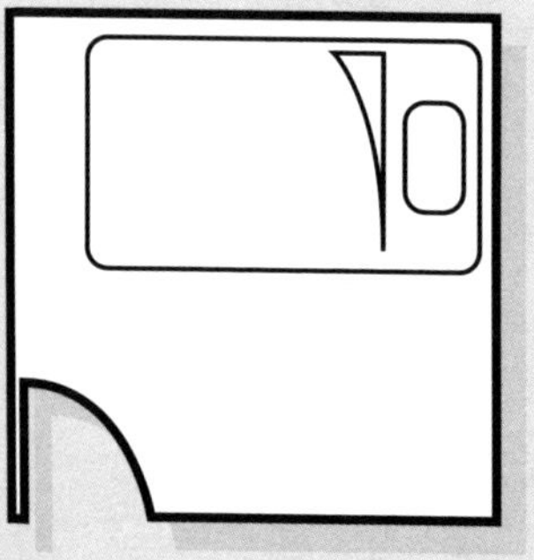

睡牀大忌

牀頭與房門對沖——形成煞氣直沖頭部，對健康稍為不利，但影響不大。

牀頭在房門旁邊——主人易發噩夢，情緒不穩。

牀頭露空——令人精神緊張，常發噩夢。

睡牀靠近爐灶或坐廁——睡牀靠灶頭，火氣重，容易令人精神緊張；而睡牀靠坐廁，則會令人腎部不佳、無記性，女性則易患婦科病。

西面見山旺人緣

Jacquline任職公關，現居西貢。

問：兩邊窗都對着山，有甚麼影響？

答：二零二四年前西面近山，對人緣及健康有利！

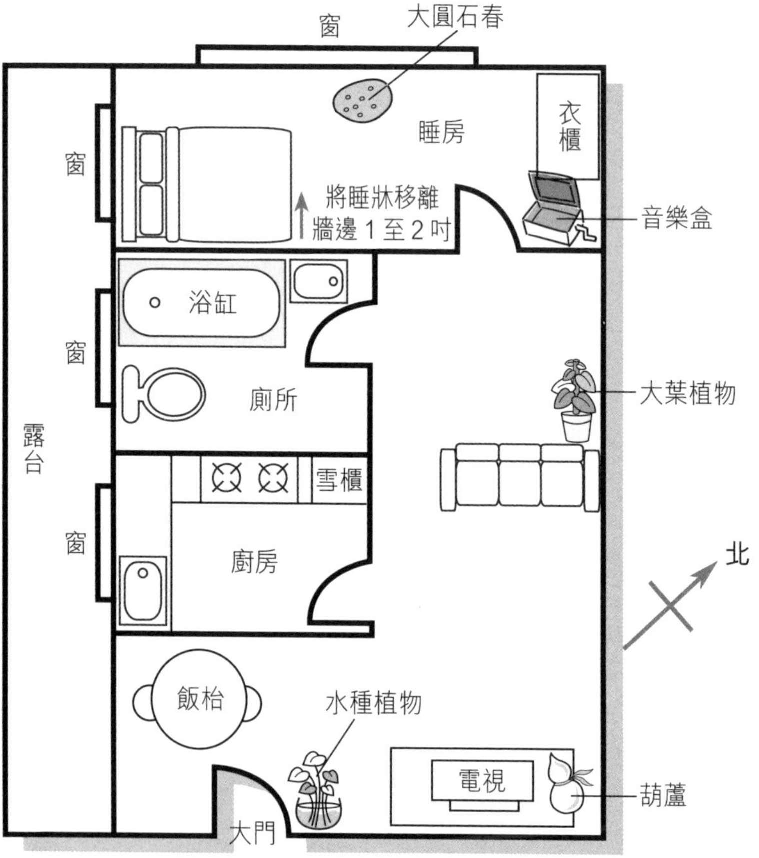

兩面環山，有利家中風水

Jacquline 的家居坐西北向東南，二零零四年前入伙本屬損財傷丁格局，幸好靠近西面的兩邊窗都正對茂密的大樹和高山，不單減低了傷丁（即健康不佳）的破壞力，更助旺了人緣，唯損財方面就一定要靠在屋中布陣作改善。

適合此屋的風水局

保平安

在睡房近窗位置放一顆大圓石春或任何石頭，有利宅中各人的健康。

增進感情

睡牀不宜貼近廁所，否則會對健康及人際關係帶來不利的影響，尤其Jacquline 與男朋友同住，更要盡快把睡牀移開一至兩吋，這樣兩人感情才會更甜蜜。

催財

大門旁邊放水種植物，可促進財氣流入屋內。

催旺人緣

衣櫃為桃花位，如想催旺桃花可放音樂盒，如想化解則可放植物。從事要經常接觸人群的工作的話，不妨加以催旺，但Jacquline與男朋友同住一屋，催旺桃花可能令則彼此對異性的吸引力增加，得與失就要自己好好衡量。

聚財

財位落在梳化，可在梳化附近放大葉植物，加強財氣。

化病氣

電視機為全屋凶位所在，影響較小，所以問題不大，不放心的話，可在附近放一個天然葫蘆瓜乾化病氣。

風水小貼士

背山面海樓好不好？

窗戶對山是好是壞？答案原來要由方向和山的茂密程度作決定。

「好山」兩大條件

（一）靠近西面

看山首重方向，如果山位於正西或靠近西面，在二零一五年以前屬好山，有利人緣及健康；如果位處正東或靠近東面，卻對身體健康不利。至於其餘方向，並無吉凶之分，僅以山的茂盛情況作判斷。

（二）樹木翠綠

山宜翠綠，有草木覆蓋，如家中面對這種山的話，將有助提升運勢。相反，若然面對的是瘦山，即山形瘦削，無樹木覆蓋，則男性工作會較為辛勞，而女性會易得婦科病，且整體財運不佳。

兩種不宜見山的住宅

（一）不宜住近山谷出入口

山谷出入口為氣流通道，故住在山谷前的住宅不單無法藏風聚氣，反而會經常受到猛烈的氣流衝擊，令陽氣過盛，家人易起爭執，甚至經常生病及發生意外。

（二）不宜住在山坡／山脊下

住宅建在斜坡或山脊之下，所受的氣流亦非常重，若加上屋前近海，則位於山和水之間的建築物便要承受陰陽二氣的「夾攻」，受壓更大。如樓宇高聳，壓力會分散；如樓宇低矮，恐會有倒塌的危機。

第三章 家居風水問答

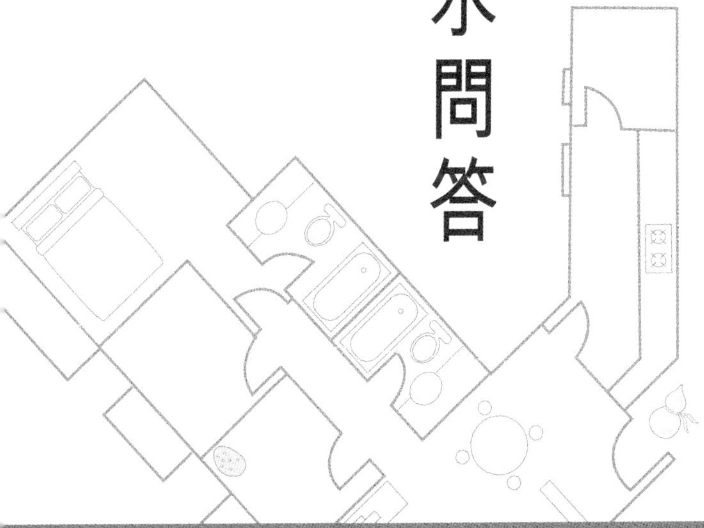

（一）朱先生問：一九九七年搬入啟田邨啟旺樓，女兒無心向學，夫妻感情也愈來愈差，妻子脾氣變得暴躁，兩母女常為小事爭吵，未知是否與風水有關。請問如何改善家宅運勢及家人健康？

風水解說

你家的不快事，絕非起因自家居間格問題，而是你家大門向東南，在二零零四年前的七運是損財又傷丁的屋宅。此外，衰位在廚房，而衰位又稱為吵架位或「孭鑊位」及生病位，所以家中口角也多。至於女兒房是桃花位，應該沒有問題。

催運法

❶大門側放萬年青一類用水養的水種植物催財。

❷在灶底放天然葫蘆瓜乾及米黃色紙，以改善家人肝、膽、手腳及皮膚健康。

❸在廚房任何位置放一盤水或一杯水（效果較弱）化解「火氣」。

❹在廁所擺放大葉植物或錢箱聚財。

❺在主人房的梳妝枱上放一顆大圓石春，能使家人身體強健。

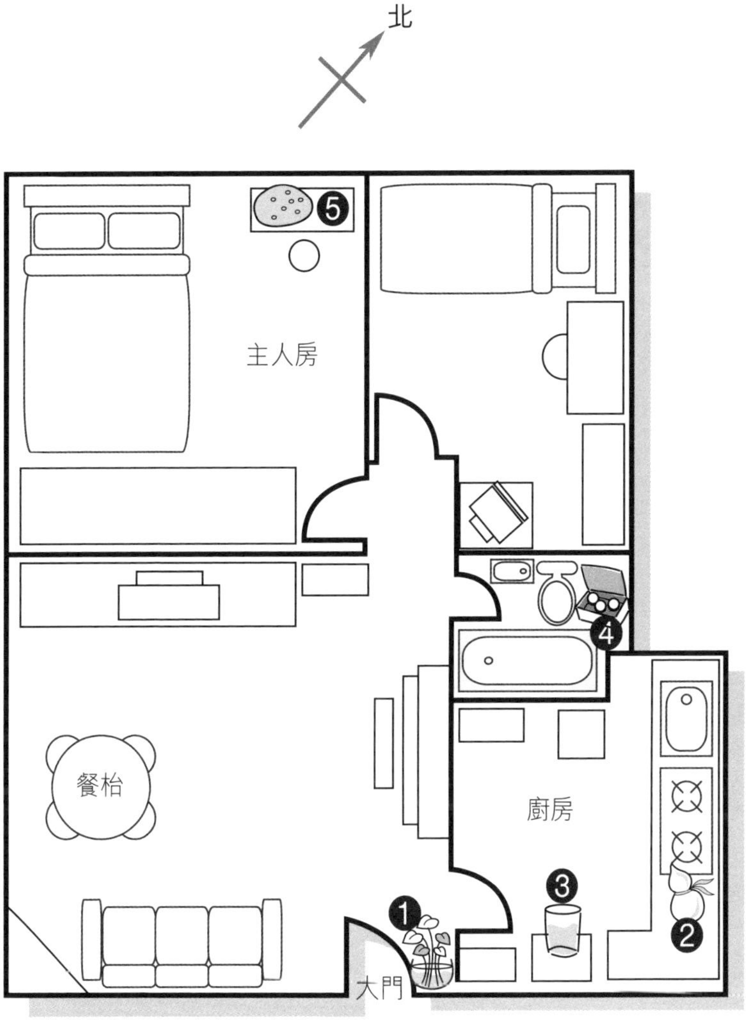

北
主人房
餐枱
廚房
大門
1
2
3
4
5

（二）吳女士問：丈夫從事水電行業，如何改善事業運？家中財位、文昌位在哪？觀音、灶君及地主是否安奉得宜？夫妻宮及兒女宮如何？

風水解說

屋宅坐北大門向南，屬煞氣最重之格局，如屋中人正在行運，運勢會起得很快，否則運程會更差。從命格看來，在二零零四年一月後，吳女士的丈夫會轉入好運，如能配合宅運的話，發展會更佳。水電行業乃屬水及火之行業，吳女士的丈夫生於西曆八月廿五日，選木及火的行業較有利，故宜專注做電器工程。

助運方法

❶財位在廚房，放大葉植物可聚財。
❷最衰位在女兒房，有少許壓到女兒牀，宜放天然葫蘆瓜乾化煞。
❸主人房梳妝枱上放一塊大圓石春，增旺家人健康。
❹桃花位，可選用青、綠、紅、橙及紫任何一種顏色催旺宅主人。

❺文昌位，最好可以加放書枱，不可以的話，放四枝富貴竹。
❻觀音、地主安奉位置恰當。
❼灶君放廚房，位置正確。

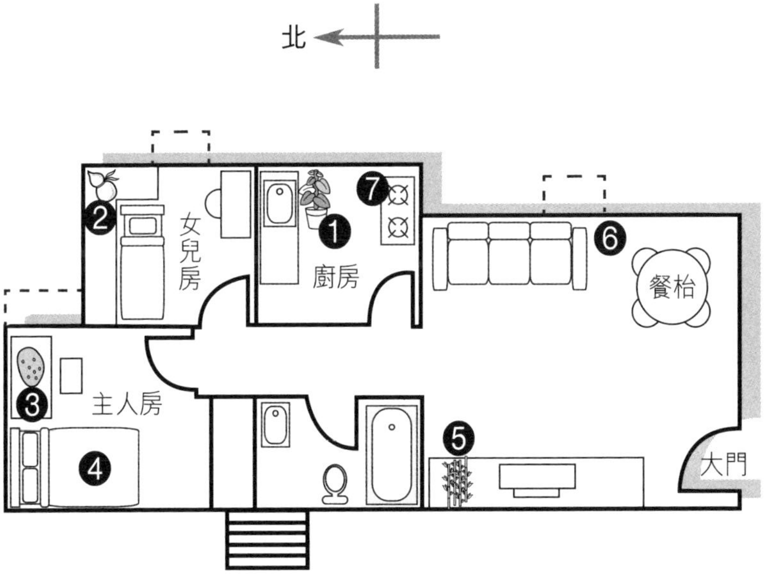

（三）翁小姐問：與丈夫居於屯門龍門居，想知住宅的文昌位、財位及衰位在哪？

風水解說

此宅大門向東偏東南，二零零四年前入住屬旺財旺丁的格局。財位在主人房，桃花位在電腦枱，文昌位在空置的房間，貼近主人房的角落，皆無問題，唯獨是衰位在廚房，使宅中人容易吵架、生病。

另外，廚房與廁所相對，即水火相沖，主家宅易有口角及宅中人患病，又廚房主要影響心、眼、皮膚及血液循環系統，而廁所則主腎、膀胱等泌尿科系統的毛病。

催運法

❶在大門旁邊的鞋架上放水種植物，可催財。

❷大門對正的鏡須移走，否則損財傷身體。

❸在廁所或廚房門兩旁各掛一棵植物，有助化解爭吵及驅散病氣。

❹在廚房灶底放一個葫蘆瓜乾及鋪黃色紙，可以化病。

❺在主人房的窗台放大圓石春，助旺屋人身體健康。

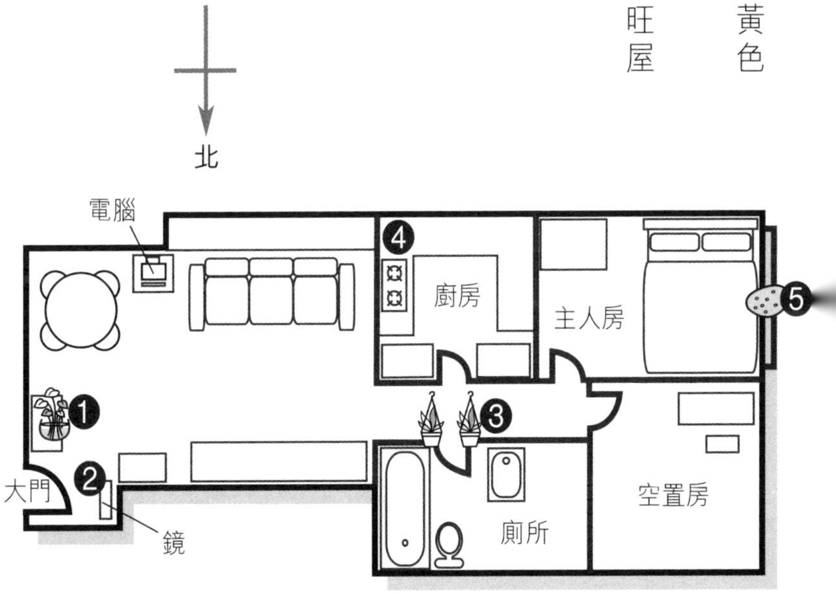

（四）Ivy問：自一九九九年七月搬進此單位後，工作相當辛苦，又易惹是非，想知道單位是否犯煞？

風水解說

基本上，這個單位的風水不太差，唯獨是窗外的一列尖角建築物會為宅中人招惹是非。另外，宅主人以工作枱兼作煮食用途，亦可算是廚房，大門正對廚房主易惹是非，且會令皮膚、心、眼及血液循環系統易生毛病。

催運法

❶在大門與工作枱之間任何位置擺放屏風，可化解是非及改善健康問題。

❷在窗台放一列多葉多枝的植物，例如尖樹便可化解是非，並可化解宅外公路車速較快、易帶走屋內財氣的問題。

❸財位在西南，即工作枱的位置，可在枱上放大葉植物聚財，並在大門側的雪

櫃上放黃金葛一類的水種植物催財。

❹正南方即衣櫃位置是衰位，宜放天然葫蘆瓜乾化解，大小隨意。

❺睡牀雖是穩陣位，但牀頭無靠山（即牆壁），宜以順時針方向將睡牀移動90度，這樣會睡得比較安寧。

❻在牀頭近電插頭位置，放一塊大圓石春，有利身體健康。

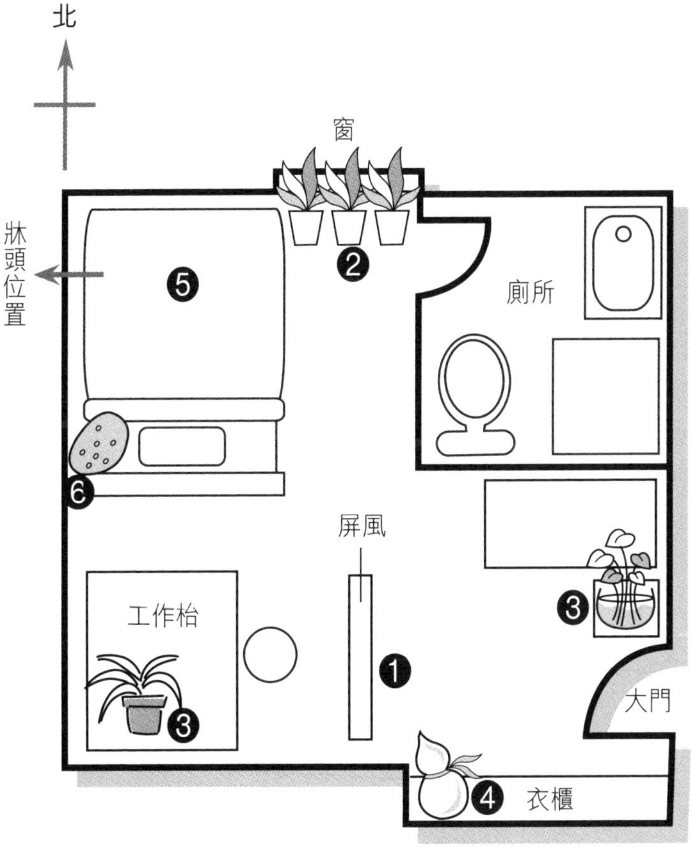

（五）嚴宅問：遷入將軍澳海悅豪園一年，但運氣及健康都不如意，請指點。

風水解說

嚴宅的大門向西北，在二零零四年前入住是不旺財不旺丁的屋宅，幸好全屋的睡牀擺位正確，所以這一年來的不如意，其實都歸咎於屋內衰位未被化解的衰氣，以及窗望山景，不利健康等因素。若依照下列的催運方法，一至兩個月後問題便會有改善。

催運法

❶梳化是全屋的文昌位，在此擺放四枝富貴竹有利文昌，利於兒子的學業。

❷在大門側放黃金葛一類的水種植物，有助催財。

❸在三間睡房的窗台擺放一列植物，可以化解東面望山不利健康的衰氣，又水種、泥種盆栽或插鮮花皆可。

❹貼近飯廳的廁所是全屋的衰位，在廁所內任何位置放一個天然葫蘆瓜乾，有助化解衰氣。

❺全屋的財位在主人套房的梳妝枱及牀頭櫃位置，可在梳妝枱或牀頭櫃擺放錢箱或萬年青、斑葉芋等大葉植物聚財。

❻在主人房牀底擺放一塊圓石春，有利屋內人健康，石春只要像兩掌般大小便可以。

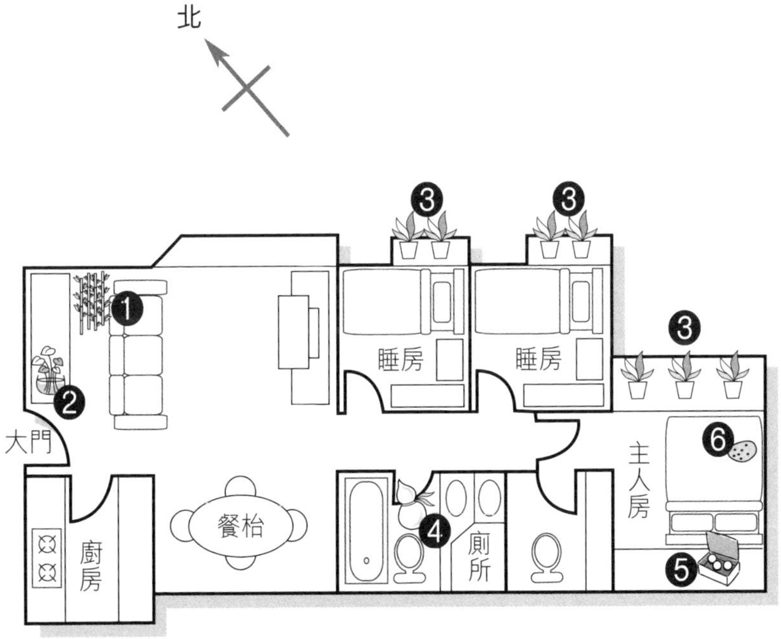

（六）阿潔問：所住單位光猛，景觀亦不錯，但自一九九二年婚後入住，嫁妝即被朋友偷走，近三年來更先後發生老爺包二奶、大伯欠貴利債，最近丈夫更面臨生意失敗，所以很想知道此屋的風水是否有問題？

風水解說

住宅大門向東南，在二零零四年前的七運期間入伙，屬於丁財兩不旺的格局，評分不單不高，甚至還要倒扣呢──財位在廁所主易漏財，財來財去難積累；衰位在廚房，全家吃下衰氣自然不利人口健康；桃花位在老爺房，難怪他包二奶。

催運法

❶ 二零零四年後家運會好轉，家宅會轉為旺丁旺財格局，只要屆時象徵式地全家搬出，並更換煮食爐，然後再擇吉日重新入伙及開爐煮食，當作入伙儀式即可。目前則可依據下述的方法催運：

❷ 在大門旁邊的鞋櫃上放水種植物，有助催財。

❸在灶底放一個天然葫蘆瓜乾及一張黃色的紙（或用防火膠板），以化解導致宅中人爭吵及生病的衰氣。

❹兩間房的睡牀牀頭都放錯位置，宜將牀頭調轉，這樣家人才會睡得好。

❺在主人房的牀頭放一塊大圓石春，有利家人身體健康。

❻在廁所內的任何位置，例如鏡櫃、水箱上，擺放錢箱及大葉植物聚財。

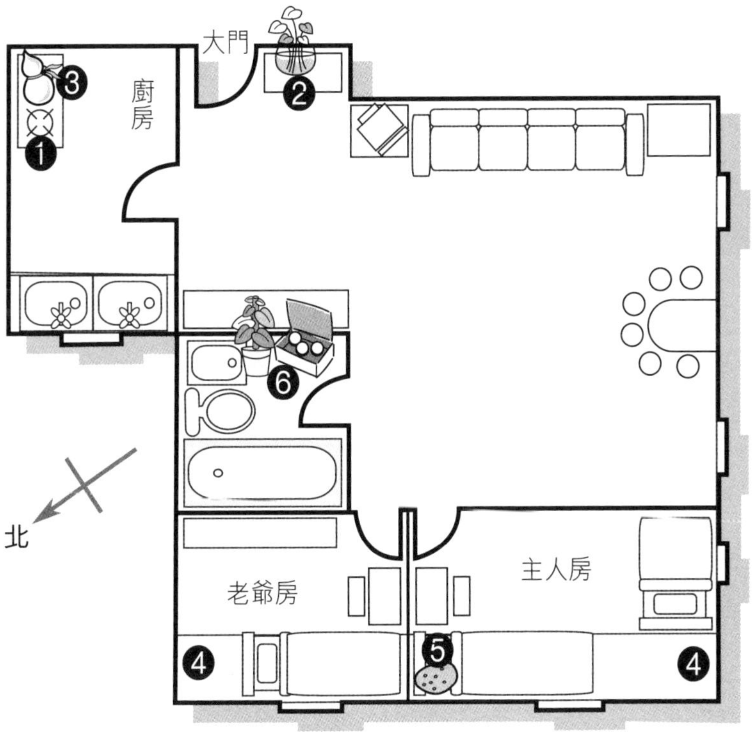

（七）黃小姐問：想知丈夫何時轉運？家中的財位、病位、學業位及丈夫的事業位在哪裏？女兒的書枱該怎樣擺放？

風水解說

此屋坐南向北，在二零零四年前入伙屬於旺財不旺丁的屋宅，值八十分，算是不錯。由於桃花位在西南方，即廚房的位置，故此人口健康無大問題，兼且煮食能得人欣賞。唯衰位在正西，即灶頭及浴缸，宜佈局化解。至於流年大細病位，前者在大門側的鞋櫃，後者在梳化。

催運法

❶在近廁所那邊的煮食爐下面放天然葫蘆瓜乾及黃色防火膠板，亦可將煮食爐移近鋅盆或窗台以作化解。

❷在主人房內放大葉植物或錢箱聚財。

❸在鞋櫃及兩間睡房分別放上鏈音樂盒，並不時上鏈使發出金屬聲響，以化解病氣。

❹近廚房的牆是文昌位，宜將書枱移到貼近廚房門旁之處。

❺向南的梳化及櫃之間，宜放一顆大圓石春，利於一家健康。

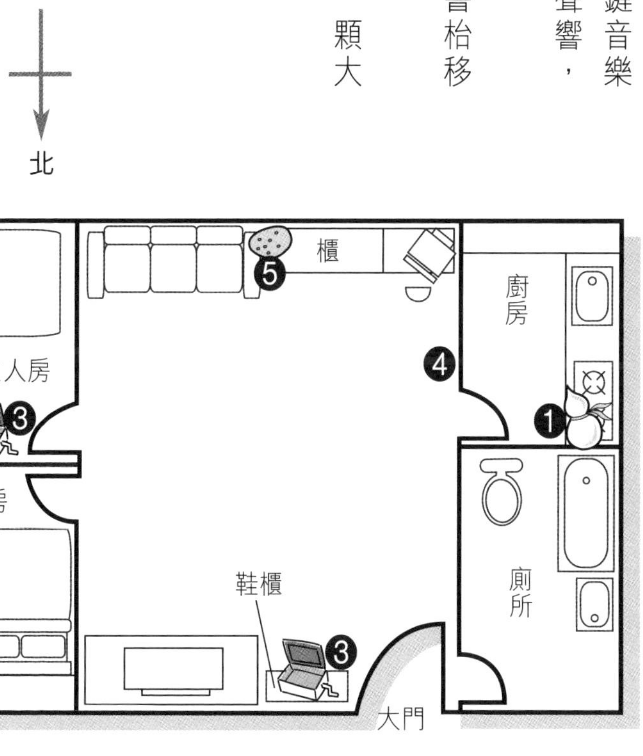

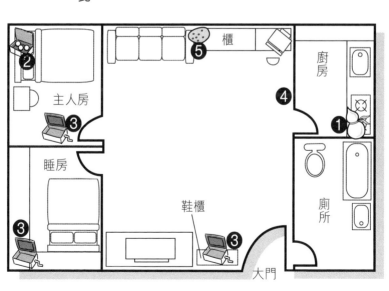

（八）楊小姐問：與爸爸及妹妹同住青衣的公屋，想知道住所的財位及文昌位置，並欲悉如何催旺。

風水解說

此屋大門向西，開門位置為西北方，是全屋的衰位，所以此宅是一間「吵架屋」。家中吉位就在大門對角的睡牀位，而桃花位則在大門正對的睡牀位。由於這間屋向西，二〇〇四年前入伙為旺財旺丁，故值九十分，但凶位在大門會減分，故八十五分。

催運法

❶ 西北位是吵架位，在門後的鞋櫃放傳真機會阻礙人際溝通及影響生意，宜改放天然葫蘆瓜乾化解。

❷ 財位在門後地櫃位置，宜放大葉植物或錢箱催財，不應擺放太多雜物阻擋財氣。

❸ 在門側鋼琴上放水種植物，亦有催財作用。

❹大門正對的書櫃不宜放全身鏡或半身鏡，避免將屋內的財氣、健康吉氣反射出外。

❺文昌位和財位都在正北，可在電視地櫃擺放四枝富貴竹催旺文昌。

❻令堂的遺照可放在正對大門的書櫃，因為擺放先人照片的位置宜四平八穩及前面空間較寬廣，又只需騰空一格書櫃安放便可。

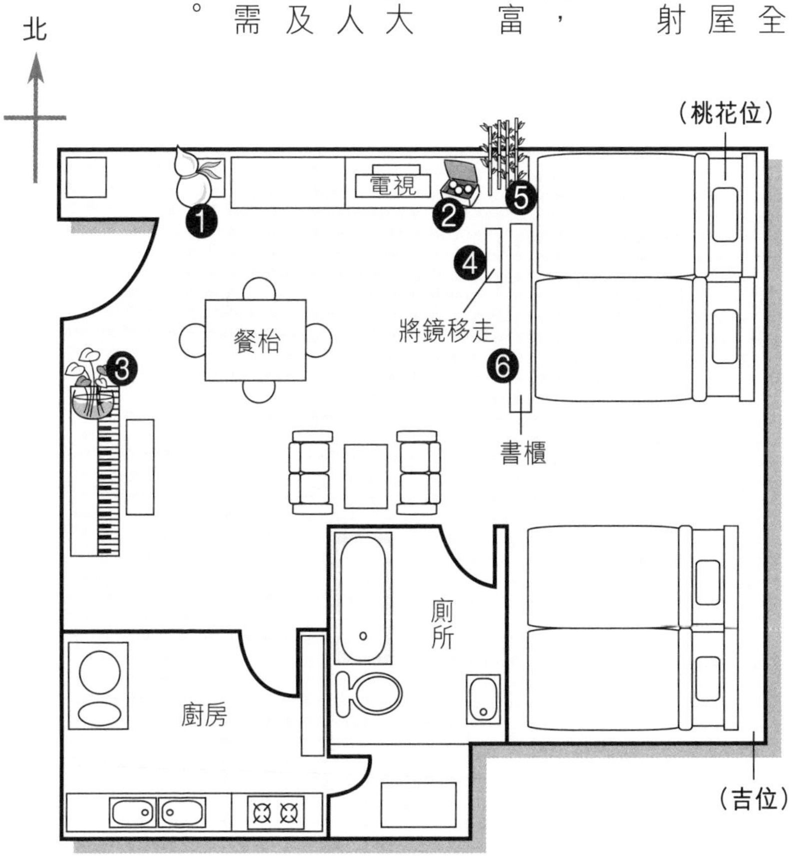

（九）何太問：近日全家人相繼病倒，每天為了金錢吵架，有何方法改善？

風水解說

你家坐西向東，衰位在廁所，所有衰氣都會隨馬桶沖走；至於桃花位在廚房，全家人本應能融洽共處，只是二零零一年流年的大病位在西南，即是主人房位置，所以家人才會相繼病倒；再加上近幾年行火運，你的小朋友正行衰運。幸好踏入二零零四年以後，全家運程便會好轉。

催運法

❶將主人房的牀頭位置調轉，在牀頭旁邊放上鏈音樂盒，並不時扭動發聲，有助化解身體毛病。

❷在孩子房窗邊位置放一塊大圓石春，能改善家人身體健康狀況。

❸在處於財位的主人房放錢箱聚財。

❹小朋友房的睡牀對門並不理想，宜將牀頭對調。

❺在大門旁邊的電視櫃上放水種黃金葛或用花瓶插花，可以催財。

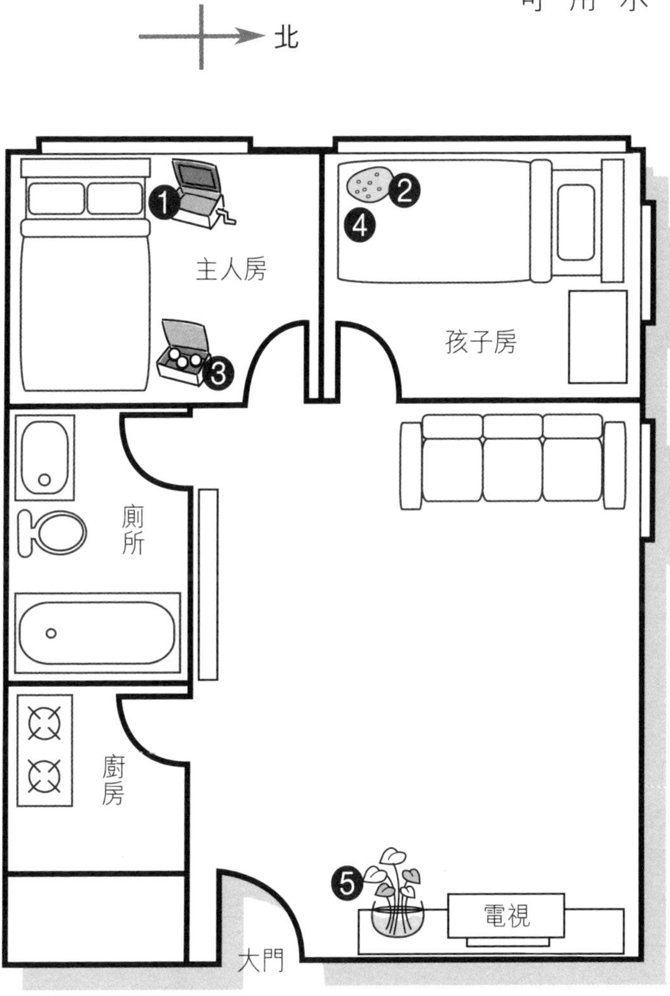

（十）黃小姐問：本人及子女房內的擺位是否正確？入住此單位後家人常患呼吸系統的毛病，請問要注意甚麼？

風水解說

此宅大門向西南，在二零零四年前入伙屬旺丁不旺財之局。此屋財位在子女房，凶位在主人房，桃花位在廁所，文昌位在全屋的正中（即放置魚缸的位置），全家入住此宅後，之所以常有呼吸道毛病，全因子女房是今年大病位、廚房是細病位所致，基本上與家居擺設無關。

催運法

❶在煮食爐旁邊放音樂盒，只要在煮菜時將之扭響，便可化解病氣。
❷在大門側的鞋架上放水種植物，即有催財作用。
❸在主人房角位置放大圓石春，增旺家人身體健康，並於兒子房的牀頭放上鏈音樂盒，只要間中扭響便可化解病氣。

❹在子女房的衣櫃擺放錢箱，可為全家聚財。

❺在主人房的牀底放置一個天然葫蘆瓜乾，化解衰氣。

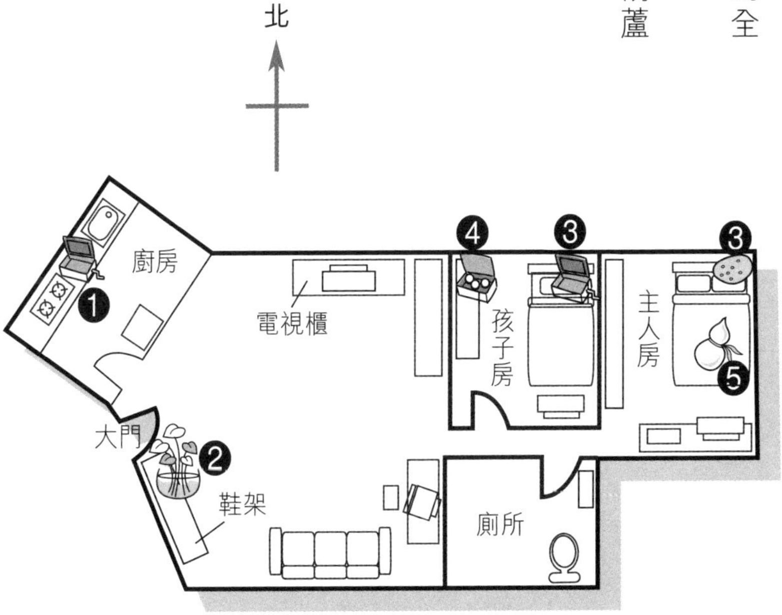

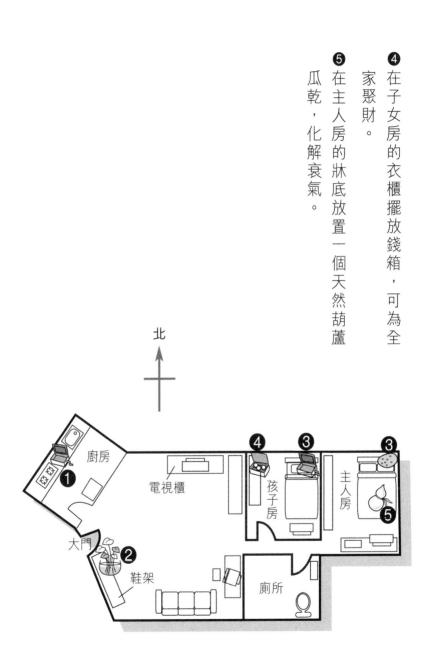

（十一）Cat問：自從去年一月搬入大埔大元邨，健康日差，早前讀到貴書的破動土煞一文，知是受屋外的工程影響，故欲悉如何解決。另外，如何催旺財運和夫妻緣分？文昌位在哪？

風水解說

此宅坐南向北，二零零四年前入伙屬於旺財不旺丁的格局，值八十分。所謂不旺丁即不旺身體，加上二零零零年流年的大病位在大門，故屋內人的呼吸系統及骨骼難免時有毛病，待二零零一年立春之後便會好轉。另外，身體多毛病的確與家居附近動土有關，只要依書中的「化動土局」布陣化解便可。家中桃花位在雪櫃位置，文昌位在魚缸位，梳化與組合櫃之間是全屋的衰位，而財位同時在廚房和廁所，財位在廚房有利身體，但因露台的門與大門相對，直沖易漏財。

催運法

❶在門側的組合櫃旁邊放水種植物，或用花瓶插鮮花均可催財。

❷在梳化附近放一個天然葫蘆瓜乾化解衰氣，並在梳化位放上鏈音樂盒化解病氣。

❸在廁所內任何位置放黃金葛一類大葉植物聚財氣。

❹在露台的洗衣機旁邊放大圓石春，利於一家平安。

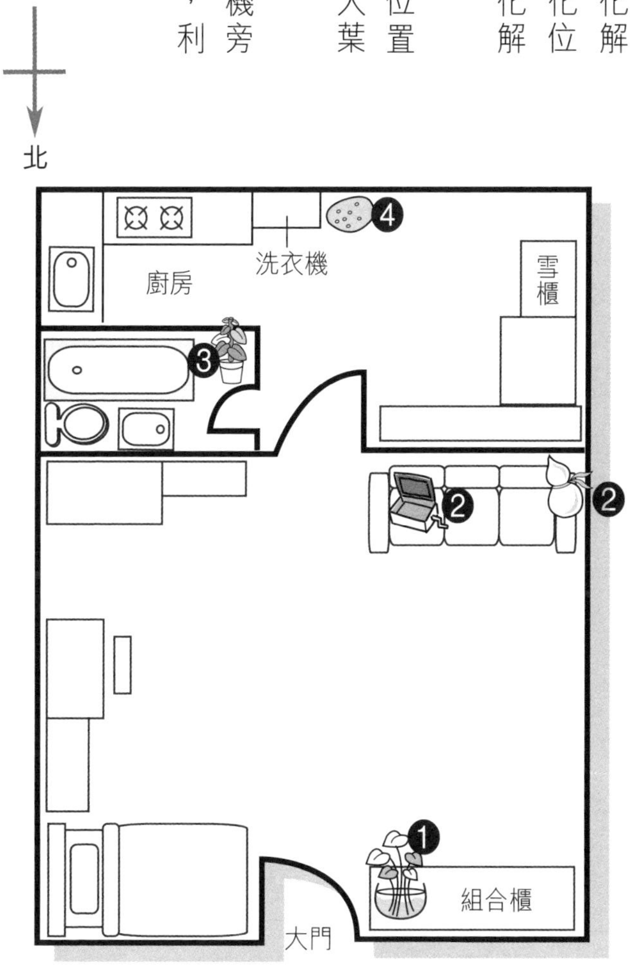

（十二）鄭小姐問：自入住目前單位後時常生病、吵架或有受傷之事，我還想添個寶寶，但對於近日的麻煩事，可怎樣解決？另外，丈夫工作不如意，想轉工但不成功，欲知有何解救方法。

風水解說

此宅坐北向南（即大門向南），在二零零四年前入伙，煞氣較重，所以家人容易吵架，也易無故受傷。觀乎此局，財位在廁所，主漏財；全屋衰位在主人房，主夫妻容易不和；加上屯門區山勢嶙峋，不利健康。

催運法

❶宜在大門對着的走廊位置放一盆植物化解爭吵煞氣，坐地或吊掛式植物均可。

❷在廁所內任何位置擺放萬年青一類的大葉植物聚財。

❸在主人房睡牀下面擺放一個天然葫蘆瓜乾，化解兩夫婦吵架的衰氣。

❹在主人房窗台放植物化解窗外爛山的煞氣，任何植物均可，有利身體健康。

❺大門旁邊放水種植物催財。

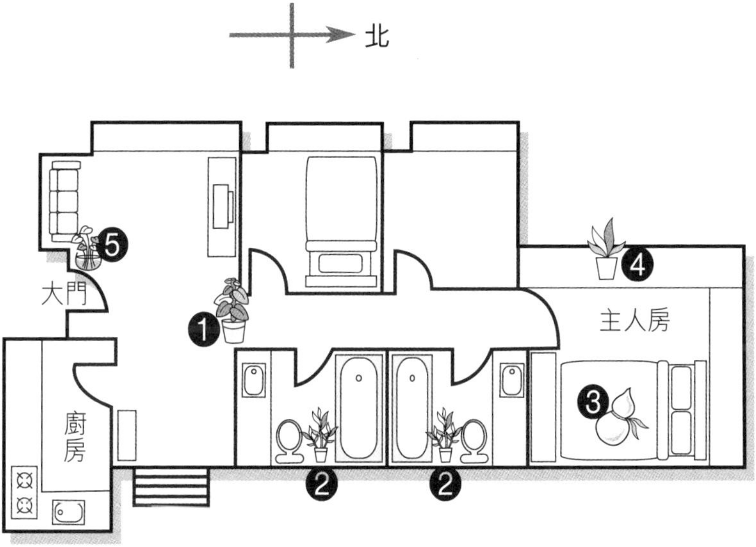

（十三）麥女士：自搬進東涌居住兩年以來，生活一直不開心，丈夫有了第三者，現正辦理離婚，未知是否與家居風水有關？

風水解說

此宅大門向東北，在二零零四年前的七運期間入伙，屬旺財不旺丁之局。家中財位在正西，即子女房對出屋外之位置，由於財位並不在屋內，可說是不能聚財；至於桃花位，則是主人房所在，伴侶有外遇可謂在所難免，但亦有化解方法。

催運法

❶主人房是桃花位，加上你丈夫任職酒樓部長，講究人緣，若他定力不足，的確易惹桃花。如想他收拾心情，可在牀底放一塊A4紙大小的黃色或啡色布，有助化解。

❷另一化解丈夫桃花的方法是跟三子、四子調換房間，將改善人際關係的桃花

之氣轉給兒子，對他們的愛情運也有幫助。

❸位於東南的廁所是全家的衰位，由於衰氣可以藉馬桶沖走，因而得以化解。

❹此宅沒有財位，想催財的話，可在正東面或大門側擺放水種植物。

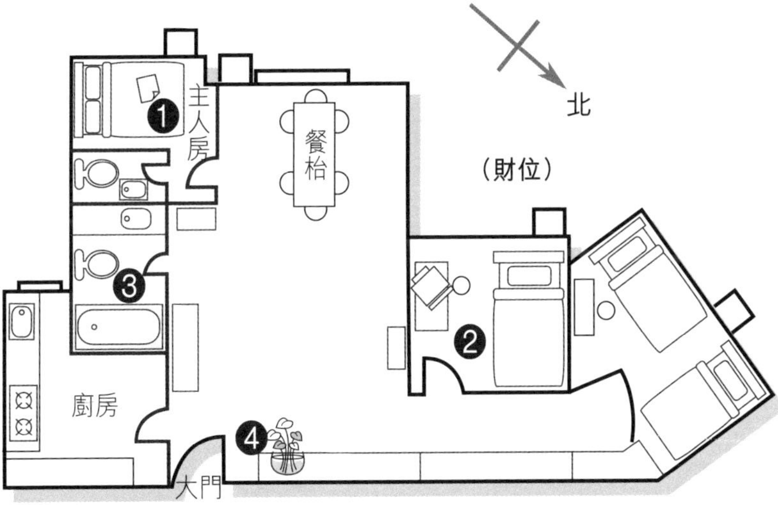

（十四）黃女士：家住西貢村屋，自己及丈夫長期患病，如何改善健康？如欲放置魚缸，應放在哪個位置？

風水解說

大門向西北，在二零零四年前的七運期間為最不利之方位，損財傷丁，宜在門旁放魚缸催財，缸中放兩組魚（不同顏色或不同種類），一組兩條、一組七條，共九條。

催運法

❶ 大門對房門應該沒有沖煞，但若不放心，可在電視位置放高身多葉的植物。
❷ 桃花位在廚房。
❸ 最衰位在廁所，有助沖走衰氣，亦可擺放天然葫蘆瓜乾化解衰氣。
❹ 財位在主人房，可在牀頭櫃放錢箱聚財。
❺ 黃女士及丈夫均在冬天出世，睡房的顏色宜用青、綠、紅、橙或紫色。

❻在書枱上放大圓石春，增旺宅內人身體健康。

❼文昌位在飯桌，可以的話便將書枱移至此位置，否則亦可放四枝富貴竹催旺文昌、升職。

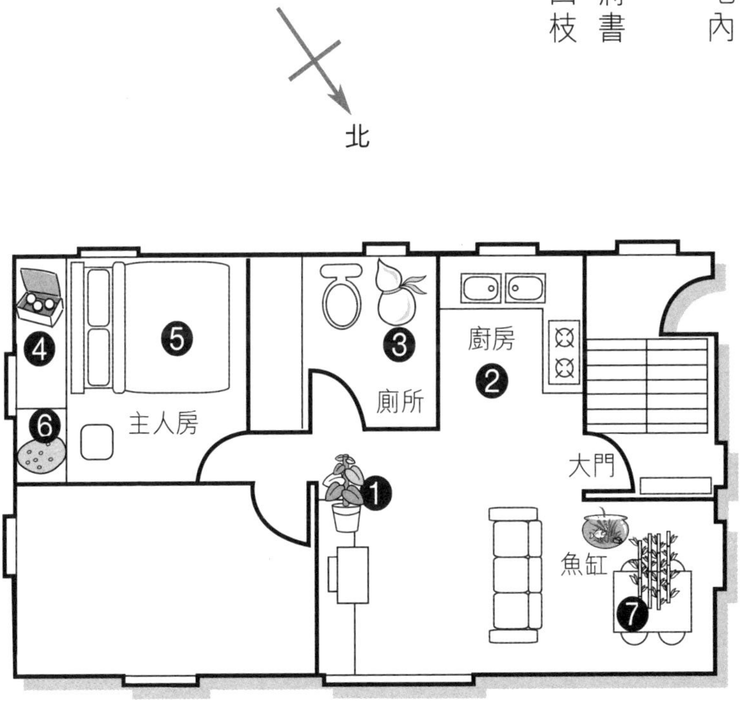

（十五）姚先生問：將與太太及兩個女兒遷入東旭苑，想知新居布置方面應注意甚麼地方，好讓他們一家四口預置家具。

風水解說

此屋大門向西，兼且配合全家人的命格。坐東向西，七運期間入住為旺財旺丁之局，而且全屋間格全部合適，加上屋內佈局、顏色及牀頭方向都配合得宜，故此屋是為吉宅，值九十五分（一百分為滿分）。

催運法

❶大門正向晾衫架及窗口，稍有漏財之象，不妨在大門與窗口之間（大約是飯廳位置）放一面屏風，或者擺放高身多葉植物，例如葵類或大棵鐵樹，若找不到高身植物，亦可用座枱式植物補救，植物以有成年人的高度最為理想。

❷在大門內側放水種植物，有催財作用。

❸財位在兩間女兒睡房之間，想聚財，可在其中一間睡房的靠窗位置放大葉植物或錢箱。

❹主人房是全屋的穩陣位，可在靠近窗台位置擺放兩隻手掌以上大小的大圓石春旺身體、人緣。

❺桃花位在主人房窗台對出屋外的位置，故缺了桃花位，幸好是已婚夫婦居住，而不是單身人士的居所，所以問題不大；至於兩名女兒年紀尚小，亦毋須着急行桃花運。

❻由於姚先生、姚太太及大女兒分別於一九六四年、一九七零年、一九九八年秋冬季出生，為寒命人，所以睡房的牀頭宜向東南，而牆色及窗簾則宜青、綠、紅、橙、紫暖色調。至於小女兒為熱命，牀頭則宜向西北，而窗簾就宜配白、金、銀、黑、灰、藍等色調。

❼梳化為凶位，可放天然葫蘆瓜乾化解。

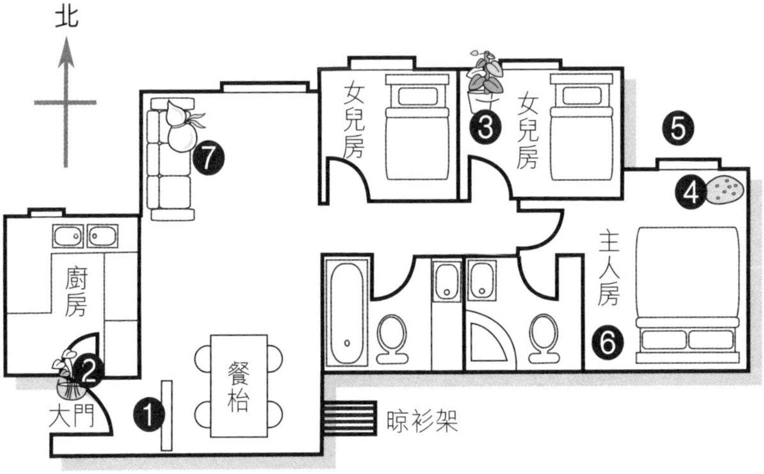

（十六）曾先生問：新居七月中入伙，暫未入住。四女兒已失業兩年多且多年沒有姻緣，希望得到指點，幫她改運。另外，對面單位的神樓正對我夫婦倆的房間，有沒有問題？

風水解說

此宅大門向東北偏北，在七運屬旺丁不旺財之局，八運則旺財旺丁。家中財位在父母房，桃花位在大房，中房是普通位，但大房和中房的入口位是全屋的衰位，易令宅中人發生口角；唯對望的山及河則無損屋宅風水。

催運法

❶對面單位的神樓正對自己的單位本無影響，但大門正對房間，會令房內人（即夫婦二人）雖然影響不大，如不放心，可在下圖虛線箭咀所標示的範圍內擺放一盆植物，坐地或吊掛或均可，且以尖葉或細葉植物如葵類最為有效。

❷大房和中房的牀位都安放錯誤，大房牀頭應與牀尾對調。至於中房，牀頭應

在房門對角的角落，牀尾向大房或飯廳均可。

❸ 大房和中房的入口位是衰位，容易引起家人爭執，宜在大房書枱擺放天然葫蘆瓜乾，能增旺人緣，有利搵工、結交朋友。

❹ 財位在父母房，在牀頭旁邊放錢箱，不單有助父母聚財，就連家人財運也能得到提升。

❺ 可在大門開門位置，用半圓形掛牆式花樽吊掛水種植物，有利催財。

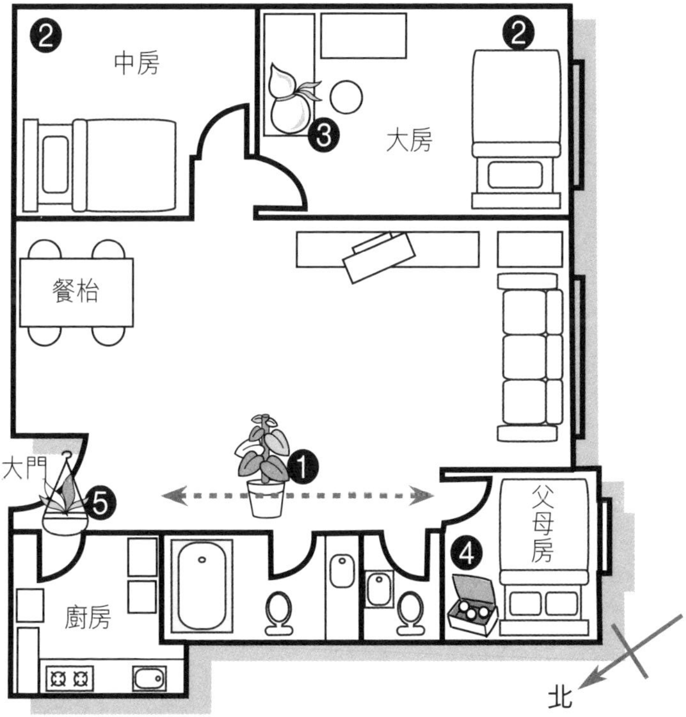

（十七）陳小姐問：想知道元朗中心這單位是否適合姐弟二人居住？桃花運如何？梳化在北位又有西鐵工程，會否影響家宅？

風水解說

此宅坐北向南，煞氣很重，容易引致家人吵架，雖不是旺財屋，但總算是旺丁屋。至於宅外有動土工程，建議愈早改動家居擺設愈好。

催運法

❶全屋最衰位在梳化後的A房，在牀底放天然葫蘆瓜乾可以化解衰氣，葫蘆大小則沒有限制。

❷桃花位在廁所側的B房，但睡牀放錯方向，牀頭宜貼近窗台或移至冷氣機底，牀尾向衣櫃。

❸梳化是全屋的財位，在梳化側的窗台放大葉植物或錢箱可以聚財，在門後鞋櫃放水種植物則可催財。

❹在大門入口近鞋櫃或客廳與飯廳之間的路口位置吊掛盆栽，可以化解爭吵煞氣。

❺宅外有西鐵工程動工，犯了動土煞，為免全家生病，宜在兩間房的正北方窗台位置，以圓形及順時針方向擺放下列物品——音樂盒、一杯水、盆栽、紅色物件及石頭，以生擋煞之效。

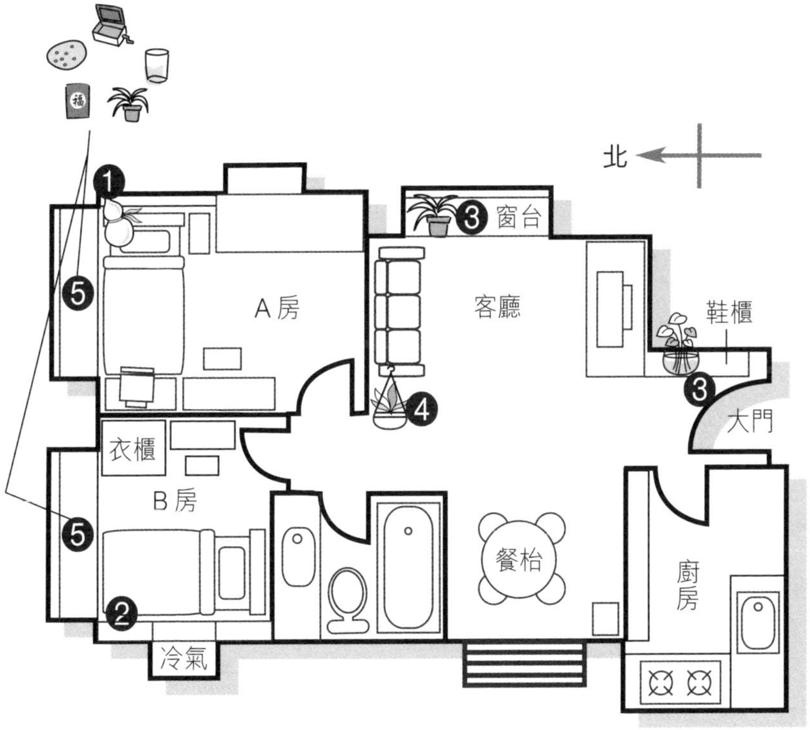

（十八）梁太問：家住屯門悦湖山莊，欲知家中的財位、文昌位在哪裏？

風水解說

大門向東南，在七運屬不旺丁財格局。

催運法

❶放音樂盒化病。
❷放大圓石春旺健康。
❸放水種植物催財。
❹牀頭不宜向開門位，宜與牀尾調轉方向。
❺放音樂盒化病。
❻財位，有利奶奶健康，可放錢箱聚財。
❼文昌位，放四枝富貴竹。
❽最衰位，放天然葫蘆瓜乾化病。

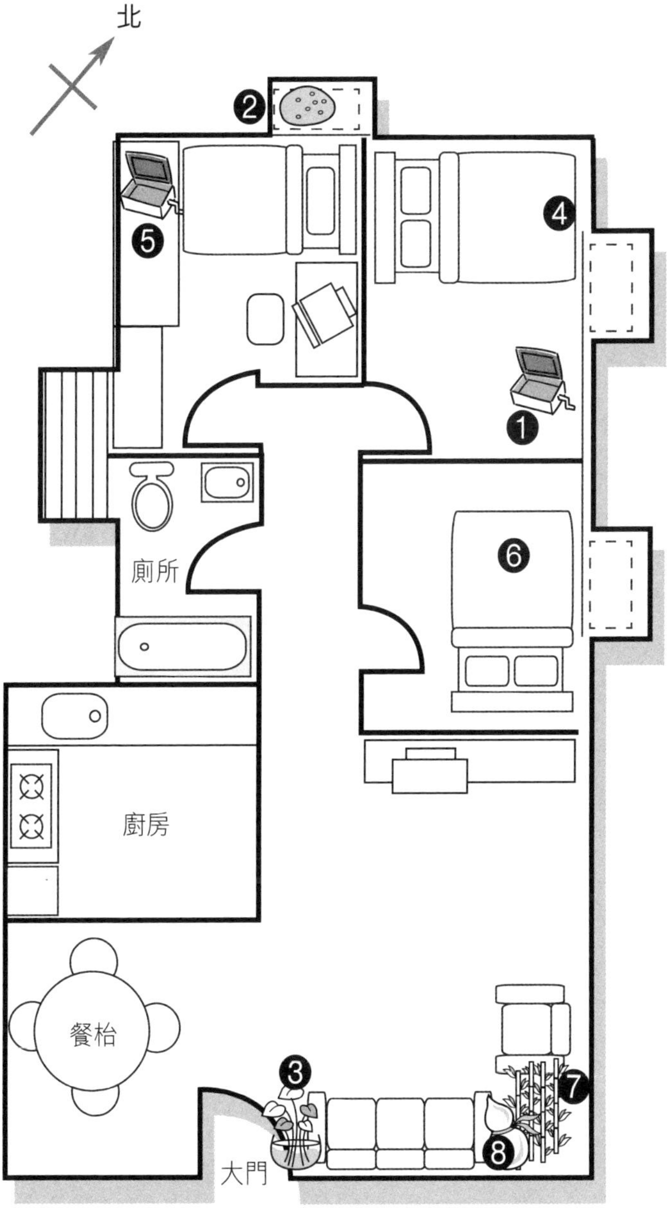
北
2
4
5
1
6
廁所
廚房
餐枱
3
7
8
大門

（十九）黃先生問：自一九九六年搬進將軍澳居屋後，家人經常患病，而兩名兒子的學業則由中上等變為中下等，就連黃先生自己也時常與妻子吵架。他欲知如何利用家居擺設改善夫妻運、擋煞、催旺文昌及增進財運。

風水解說

此宅大門向西北，在下元七運期間，屬於不旺財不旺丁的屋宅，須待二零零四年後才轉運。家中財位在正南電腦枱，桃花位在正西廚房，而衰位則在廁所。

催運法

❶大門側正確地擺放了魚缸，能生起催財作用。

❷在主人房的電腦枱位置擺四枝富貴竹，能提升兒子的讀書成績。

❸在飯廳貼近冷氣機的牆身放大圓石春，可助旺家人身體健康。

❹雖然沖廁有助沖走衰氣，但為了加強效果，可在廁所內任何位置放一個天然葫蘆瓜乾，化解衰氣。

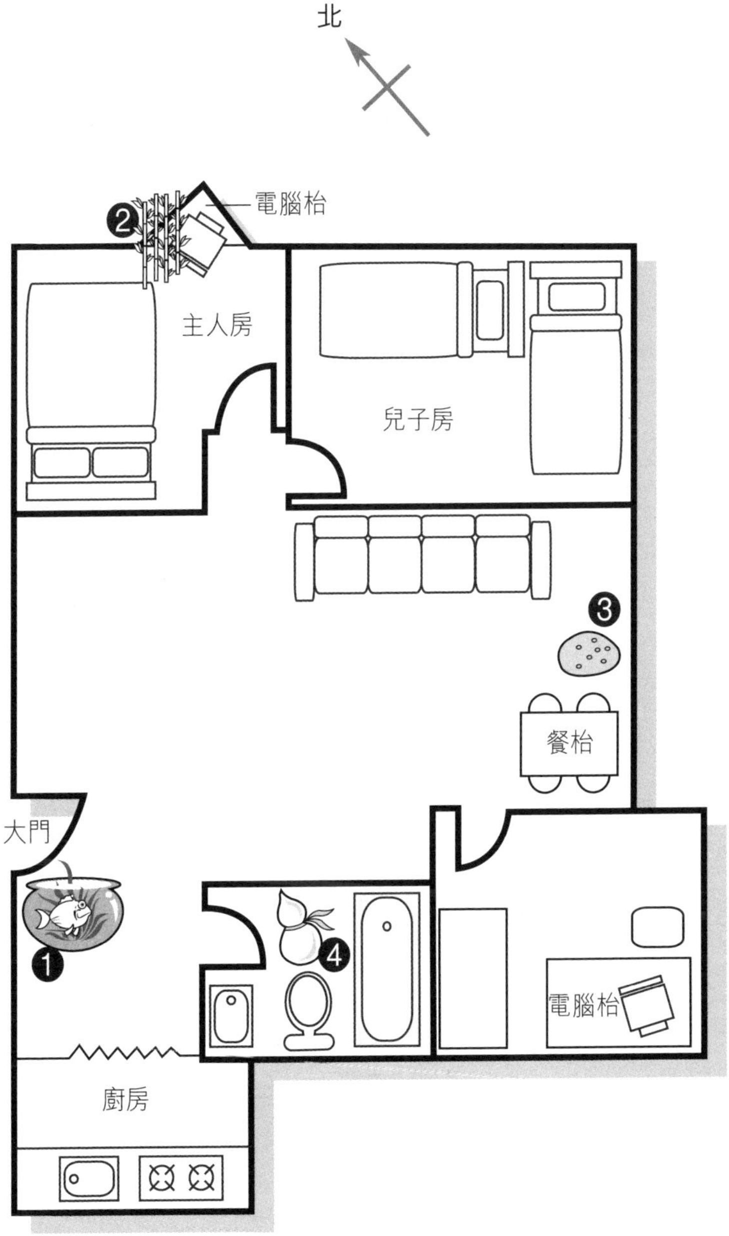
北
電腦枱
2
主人房
兒子房
3
餐枱
大門
1
4
電腦枱
廚房

（二十）黃小姐問：本人與父親及一弟三妹同住順利邨十載，但自搬入此宅以後，三位妹妹便陸續與朋友同居或因不想與家人同住而遷出。及至近半年來，父親更在大陸與一名年約三十歲的女子同居，全家人為此已多番爭吵，希望能獲指點迷津。

風水解說

此宅大門向西北，在七運屬於損財傷丁局，是不利健康、人口愈住愈凋零的屋宅，一定要盡快補救。家中財位在正南，桃花位在大門，穩陣位在電腦枱，而凶位則在飯枱和杯櫃的位置，難免「愈食愈少人」。

催財法

❶在父親睡牀牀邊放鎖匙，或者在牀底或牀墊下用白色卡紙覆蓋六個女皇頭五角或一角硬幣，能使父親思想清醒些，硬幣以「」方式排列。

❷在大廳窗邊放植物，以化解採石場（動土）對健康所帶來的不利影響。

❸大門旁邊放黃金葛等水種植物催財。

❹電腦枱上放一塊石頭，有利全家健康。

❺在單人牀牀邊的矮櫃上放錢箱聚財。

❻在正西的桃花位放一枝或六枝富貴竹，催旺人緣。

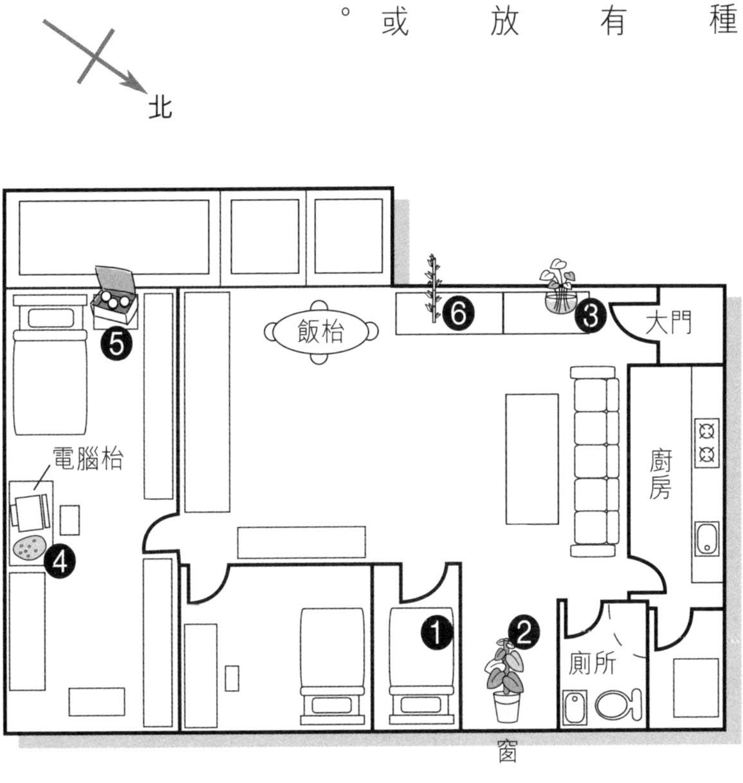

（廿一）黃先生問：家住深水埗，自己及太太的身體不好，有何方法改善？家中哪處是財位？自己適合做文職、廚師，還是做生意？結婚兩年仍未有小朋友，太太何時有孕？

風水解說

家宅大門向西南，在七運屬於旺丁不旺財格局。大門位置在屋的斜角，令此宅呈菱形，減弱了宅中人的運氣，加上黃先生本身尚未行運，故宜跟下列方法改運。

黃先生命格屬火，適宜打工，以從事金水行業較為有利，但這其實並非最重要，因為行運之時任何行業皆有利，而黃先生在二零零四年後，運程將逐漸轉佳，又文職或廚房均可。最後，黃先生有望在二零零零年至二零零一年間有小朋友。

催運法

❶全屋最衰位在主人房睡牀牀尾，宜在睡牀中間至牀尾位置放天然葫蘆瓜乾化解，葫蘆可放在牀底，不一定要放在當眼處。

❷要改善家人健康，可在主人房睡牀牀頭最角落位置放一塊大圓石春，強旺身體。

❸窗外教堂如有立體型十字架，應在牀頭窗台位置放植物，植物的品種及大小不拘。

❹房間顏色宜用白、金、銀、灰、藍。

❺財位在主人房的櫃及廁所，可放碎銀兜聚財。

❻客廳的梳化是桃花位，多在梳化坐臥有助沾取旺氣，提升人緣。

❼此宅不利財運，故宜在大門旁邊放水種植物或長期插鮮花催財。

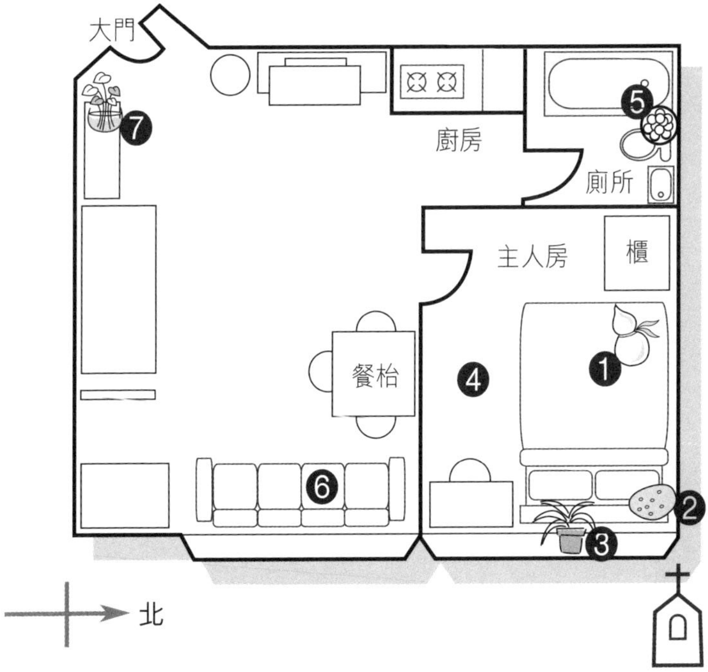

（廿二）劉小姐問：家宅運氣近兩年來都沒有甚麼起色，與父親一同打理的生意很差，且父母常有小吵鬧，未知與對面興建政府合署是否有關，到底如何改善家中各人的運氣及健康？

催運法

❶ 窗外有動土工程，可以放五行化動土局化解動土煞；若工程已完結，則沒有影響。如對面大廈之玻璃幕牆反映到自己屋內，便犯了鏡煞，會影響家人精神健康，使情緒出現問題，可用薄窗紗遮擋。

❷ 大門向西北，在二零零四年前都是不旺丁財之屋宅，宜在大門旁邊放水種植物催財。

❸ 在家中底部中間位置放一塊大圓石春，能改善家中各人的健康。

❹ 財位在有人氣之睡牀位，擺設恰當，可放大葉植物聚財。

❺全屋最衰位並非位於有人氣的位置，所以影響不大，但仍可放天然葫蘆瓜乾化煞。

❻桃花位在弟妹的上下格牀，因有人氣，所以有利。

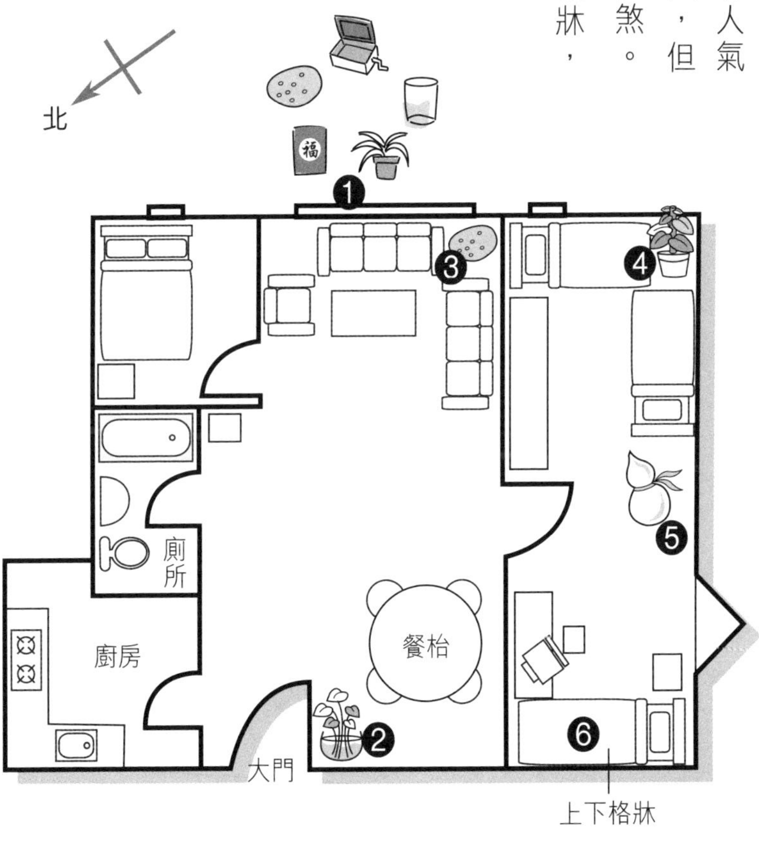

（廿三）甄先生問：與太太購入了筲箕灣愛蝶灣一單位即將入伙，已初步定下家具擺設，欲知布置是否恰當。

風水解說

新屋坐南向北，七運屬於旺財不旺丁之局，有八十分。另外，此宅位在香港東區，面向東面水，在二零一五年前整區都在行運，屋內及外圍格局都頗佳。

催運法

❶大門旁邊放水種植物或長期插放鮮花，可以達致催財作用。
❷廚房門不宜正對大門，所以將廚房門稍為移開是對的。
❸全屋最衰位在廁所，宜放天然葫蘆瓜乾化解。
❹財位在主人房，可放大葉植物或錢箱聚財。
❺若配合男主人的時辰八字，房間顏色宜用青、綠、紅、橙或紫色系。

❻文昌位在全屋東南方（即主人房房門對角處）的財位上，如能在此位置擺放書枱，便有利文昌。

❼桃花位在另一睡房，位置剛好在有人氣的地方，有利人緣。

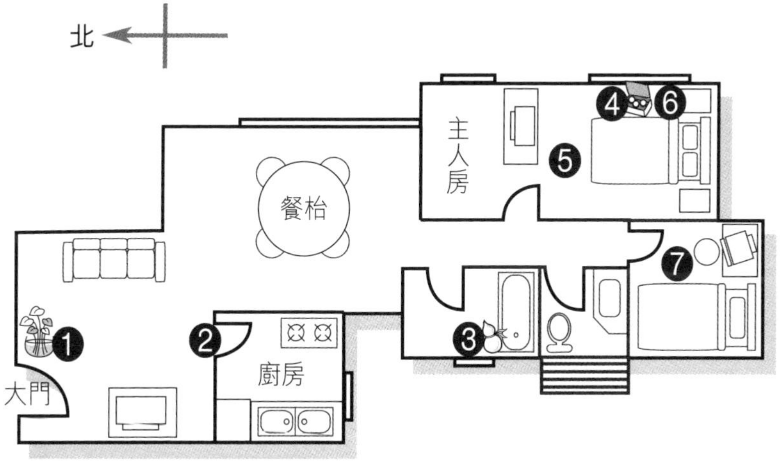

（廿四）叢小姐問：將與母親搬往筲箕灣東旭苑，欲知新居可用甚麼顏色，房間應怎樣分配？擺設如何有助健康、工作、財運、桃花及家宅平安？

風水解說

大門向北，主人房是財位，A房是桃花位，B房是全屋的衰位，二零零四年前這是旺財不旺丁的屋宅，值八十分。至於叢小姐母女二人都屬平命，故家居布置用甚麼顏色都適合，但當中以白、金、銀、灰及藍對兩人較為有利。

催運法

❶財位在主人房，在東南位的角落放置錢箱，可收聚財效果。

❷接近客廳的B房為衰位，宜在牀底擺放一個天然葫蘆瓜乾，可化解屋內的衰氣。

❸因客廳貼近衰位，宜在客廳的西北位放梳化，並在緊靠B房的牆位擺放電視這類「死物」，這樣家宅就不會受衰位所累。

❹想改善桃花運，建議把主人房讓給母親，而自己則睡A房，因為桃花位正在這兒，婚前可一直以這個房間作睡房。

❺雖然這是旺財之屋，但不妨在大門與晾衫窗台之間放黃金葛、鐵樹或富貴竹等高身多葉植物；若要擺富貴竹，則要擺八枝才能催財，因為四枝只利文昌。

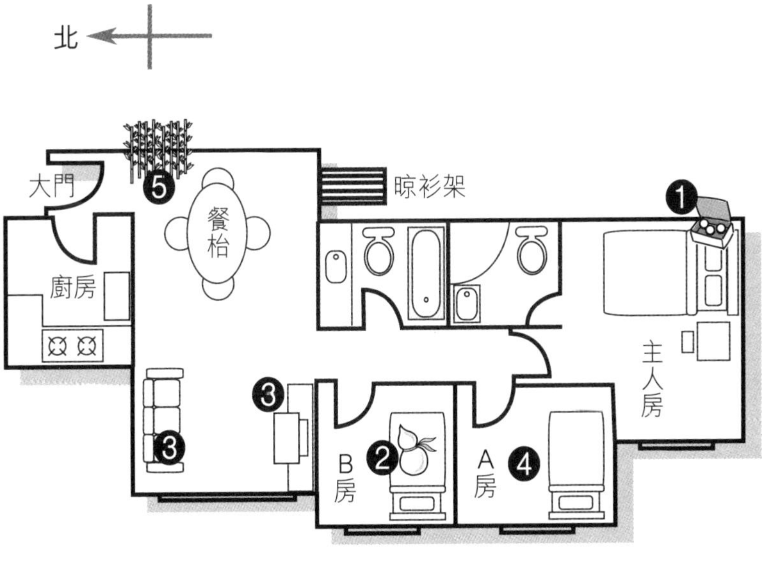

（廿五）譚小姐問：與妹妹將入住西半山翠擁華庭一單位，她睡主人房，妹妹睡客房，其他家人則會偶爾入住，想知道家具擺位是否合適？

風水解說

譚小姐的新居坐東向西，在七運屬於旺丁旺財之局，唯獨衰位在大門，主一家人容易吵鬧，所以這是一間「吵架屋」。

催運法

❶大門隔壁是電錶房，是火煞的地方，容易引致宅內人爭吵，宜在大門旁邊放置水種植物，化煞兼催財。另外，亦可在門後鞋櫃上放一個天然葫蘆瓜乾。

❷大門入口橫樑做成的凹位，容易積聚陰氣，建議安裝一盞小燈，間中亮着（例如回家時亮着），這樣便可以靠燈光的熱力驅散陰氣。

❸基本上，一九八四年至二零一五年東面有水旺財，西面有水損財，東面有山損丁，西面有山旺丁。觀乎此屋，水在南面，故不行運，但也不算差，所以

並無大影響；至於窗外對開的山峰不屬尖頂，故可不理。

❹兩個房間的睡牀擺位都正確，用色宜選青、綠、紅、橙、紫。

❺唯一要注意的是，廁所門正對客房門，因為廁所是全屋的桃花位，若單身人士入住會旺桃花，唯已婚夫婦入住，則不單易犯桃花，就連腎、膀胱等泌尿系統亦容易出毛病。化解方法是，在廁所門兩旁各掛一棵萬年青或長春藤，便可解決問題。

❻廚房是全屋的財位，對全家健康有利，若在此處擺放大葉植物或錢箱，更可收聚財之效。

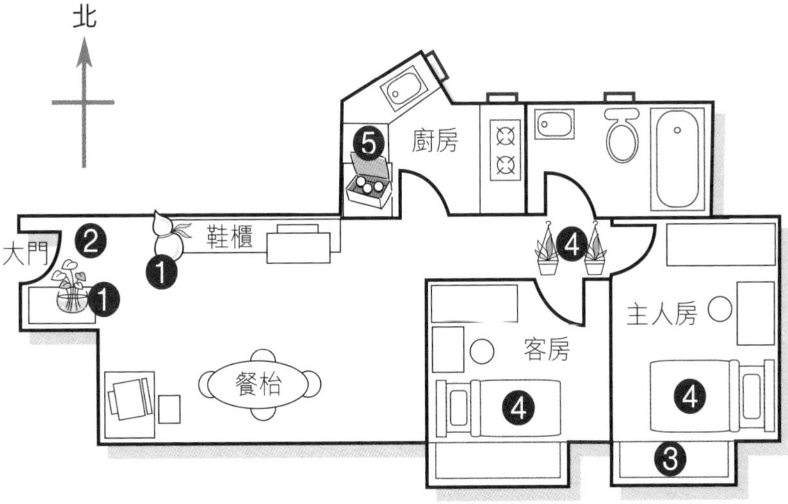

（廿六）W.T.Chung問：本人及太太入住此單位後身體常有小毛病，自己工作十年仍未有升職機會，而太太則在年初失業，怎樣可增加收入和廣結人緣？放電腦的房間打算闢作孩子房，對他們有利嗎？

風水解說

這屋坐東北向西南，在七運屬於不旺財之局，故滯運主要是屋宅坐向問題。你是秋天出生，運氣尚可，但太太則生於夏季，所以她在一九九八年至二零零三年這幾年間比較滯運，加上屋中財位在廁所，難免財來財去。

催運法

❶ 電腦房內的衣櫃位置是全屋的衰位，為孩子日後着想，宜在衣櫃內擺放一個天然葫蘆瓜乾，化解家宅衰氣。

❷ 在電腦枱上擺放一塊大圓石春，可保一家人口平安。

❸ 桃花位在主人房，基本上已收旺人緣之效，毋須擔憂擺位問題。

❹財位在廁所，宜放黃金葛或紫羅蘭等大葉植物聚財。

❺在大門旁邊的鞋櫃上放水種植物或長期用花樽養鮮花，有催財效果。

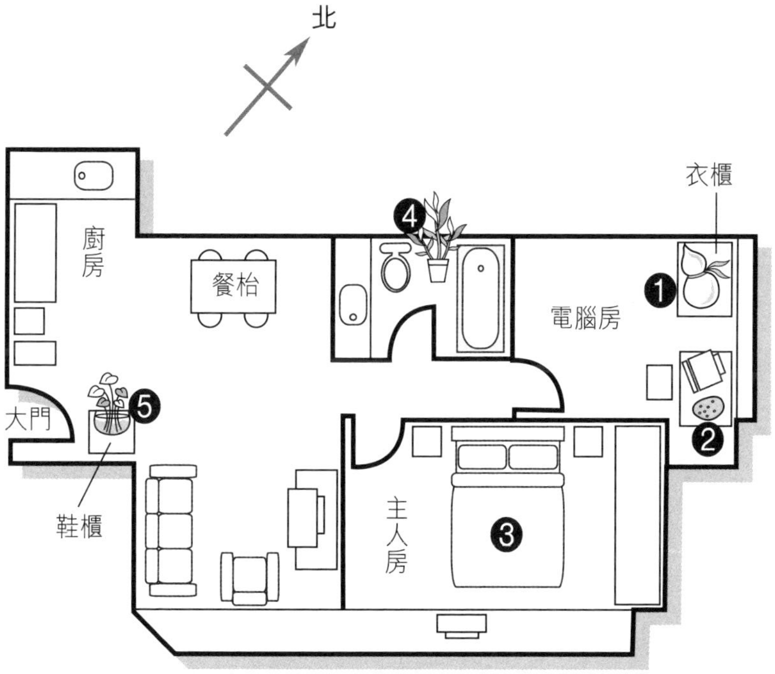

（廿七）鄭先生問：想請教師傅擺放觀音像的位置有沒有問題？怎樣放家具有利事業和健康？魚缸應放在哪裏和養多少條魚？三月哪幾天是入伙吉日？另外想知道睡牀怎放才好？

風水解說

此宅大門向西，在七運屬旺財旺丁之局，值九十分。觀乎宅內格局，桃花位在近窗的電視櫃，財位在擺放觀音像的位置；又，家中睡牀牀頭方向皆無問題。至於三月份的入伙吉日，是西曆三月廿一日上午九時至下午一時，是日沖肖牛者，故此有家人屬牛的話，不負責開爐煲水這入伙儀式便可。鄭先生屬平命人，故任何顏色都適合，而女朋友則在秋天出生，屬寒命人，家居尤其房間宜青、綠、紅、橙及紫色。

催運法

❶觀音像宜安放在一個寬廣、無雜物遮擋且不正對廁所門的位置，故此你家的觀音像位置正確，毋須調動。但若將之移放在主人房外的梳化近窗位置，則會因旁邊是窗而失去靠山，所以不妥。

❷可在電視櫃與觀音像之間放大葉植物聚財，並在大門旁邊養魚催財，而魚的數目為「二加七」，即是兩條某種類的魚加七條另一種類的魚，又或兩條同一種顏色的魚加七條另一種顏色的魚。

❸在客廳梳化靠窗位置放一塊大圓石春，可助旺家人身體健康。

❹衰位在大門旁邊的房間，基本上無大礙，衰氣不致影響全家，但仍可在房內放一個天然葫蘆瓜乾，化解病氣。

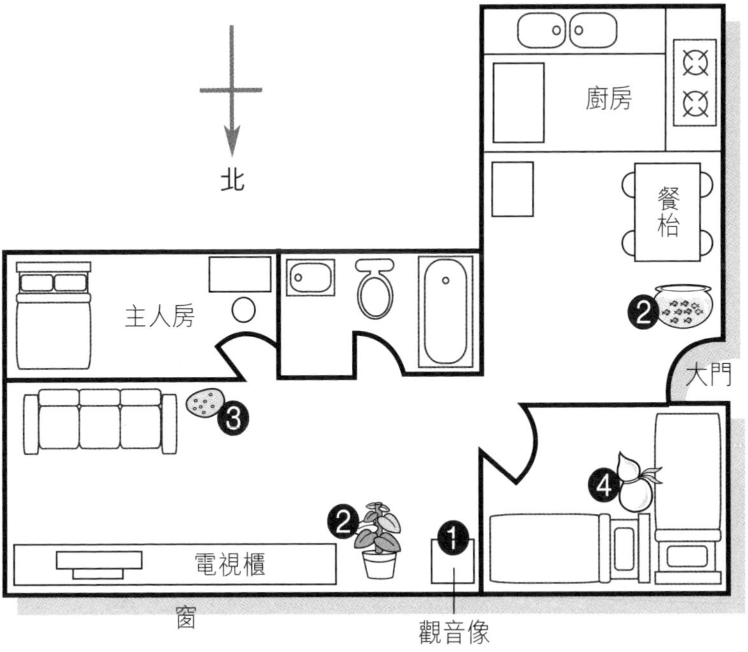

（廿八）黃小姐問：自遷入荃德花園後，常染感冒，欲知家具擺位是否恰當，有何方法催旺人緣、事業，並令頑皮的兒子易於管教？

風水解說

此宅坐東北向西南七運為旺丁不旺財局，主人房在正北，廚房在正西，分別是二零零零年流年的大病位和細病位所在，故入住後常見身體不適。不過，只要在二零零一年立春之後，身體毛病就會有望不藥而癒。至於催旺人緣方面，由於桃花位在電腦枱及主人房之間的屋外位置，故無法改善。

催運法

❶ 兒子房的房門正對廁所，易招泌尿系統的毛病，雖然對少年人的影響不大，但可在廁所門外吊掛一盆長春藤，以改善兒子過度活躍的情況。

❷ 在廁所的洗手盆位置放粉黛一類大葉植物，有聚財之效。

❸衰位在主人房，宜在睡牀牀尾放一個天然葫蘆瓜乾，並在牀頭地下放一塊大圓石春，能旺人口平安。

❹在鞋櫃上放黃金葛等水種植物，有助催財。

❺將電腦枱移向房門側貼近走廊位置，有利書緣。

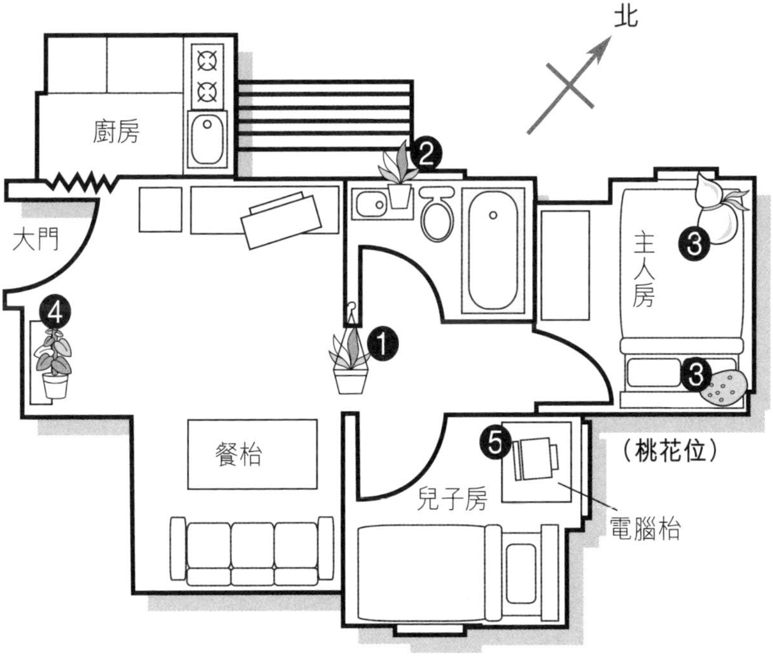

（廿九）黃先生問：剛購入將軍澳寶盈花園一單位，結婚三年未有孩子，請指點如何擺放家具？

風水解說

此宅坐西向東，七運期間入伙，屬於旺財旺丁的格局。家中桃花位在飯廳，吉位在廁所側的A房，財位一半在廁所對面的B房，另一半在睡房對出的缺角位置；至於衰位則在浴室對面的C房，若作為衣帽間就沒問題，若作為睡房就要在睡牀牀底放天然葫蘆瓜乾化解病氣。

催運法

❶已婚人士的睡房房門如正對廁所門，需在廁所與房門之間吊掛植物，化解桃花。

❷大門旁邊放水種植物催財。

❸在客廳緊貼浴缸的牆邊吊掛植物，化解大門直沖房門問題，此陣兼可保家人健康。

❹廁所正對的C房是二零零一年流年之大病位，廚房是細病位，宜在兩處各放一個上鏈音樂盒，間中扭響化病氣。

❺希望添丁的話，可在全屋西南及東北，即財位所在的B房牆角及廚房牆角，分別傾斜放置八粒以「●●●●●●●●」方式排列的石頭。

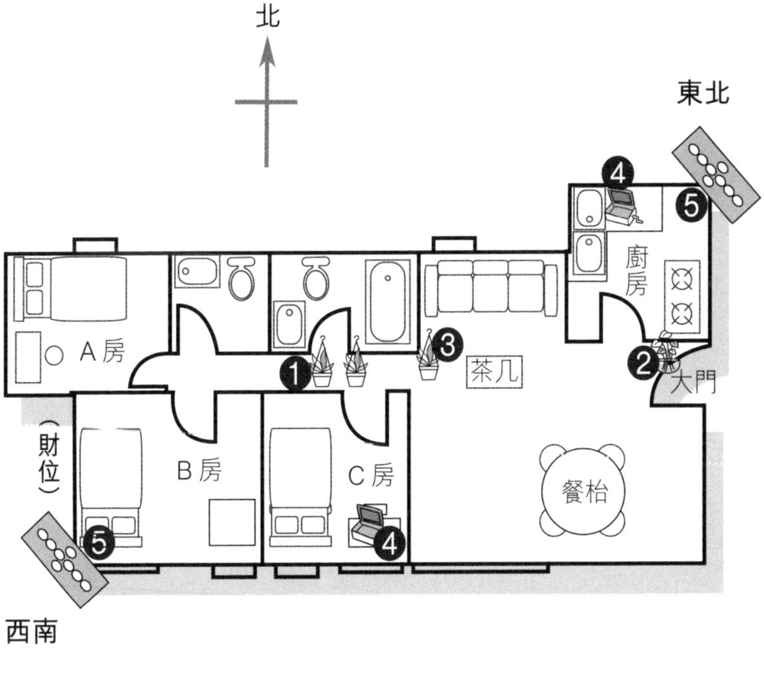

（三十）葉女士問：家住屯門翠寧花園，想知道廚房門對主人房有沒有問題？孩子房宜用甚麼顏色？全屋的衰位、桃花位和文昌位在哪裏？

風水及命格解說

此宅大門向東，在七運入伙屬於旺財旺丁局。家中財位在灶頭，衰位在雪櫃及洗衣機的位置，桃花位在大門口。唯窗外見亂石又沒草，男主人工作難免較辛苦，女主人的腎、膀胱亦易有問題，小朋友就比較難管；而廚房門正對主人房房門，易因火氣重而令人脾氣變差。男女主人皆屬寒命，宜用青、綠、紅、橙及紫色；孩子為熱命人，宜白、金、銀、灰及藍色。

催運法

❶在灶頭財位放非洲紫羅蘭這類大葉植物，有利聚財。

❷在雪櫃及洗衣機位置放天然葫蘆瓜乾，化解衰氣。

❸ 在主人房窗口擺放任何一種植物，擋窗外亂石煞氣。

❹ 可在主人房內擺放書枱，或將睡牀牀尾對調，催旺文昌。

❺ 在兒子房的睡牀與書枱之間放四枝富貴竹，生旺文昌。

❻ 廚房門向主人睡房房門之間放任何種類植物，可改善屋內人的壞脾氣。

❼ 大門旁邊放水種黃金葛，催旺財氣。

❽ 在電話几下放一塊大圓石春，改善家人健康。

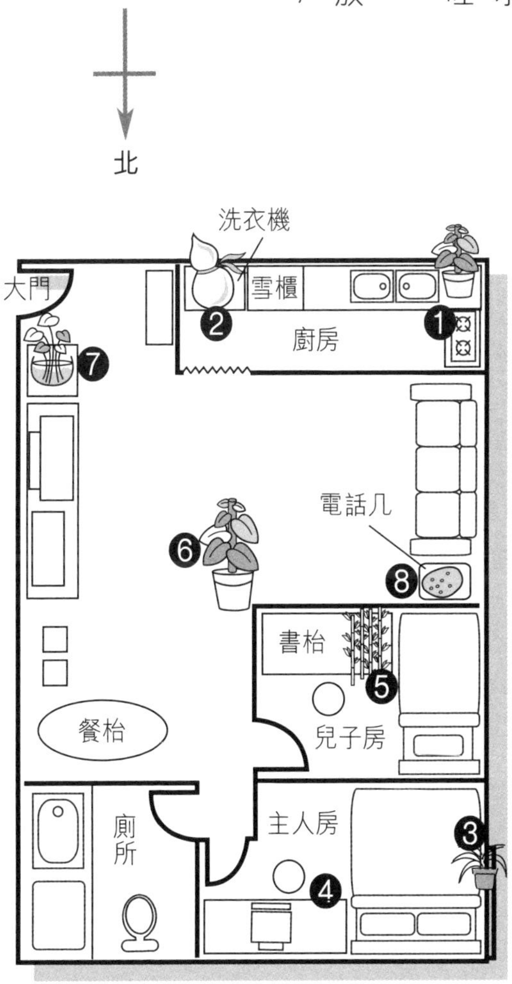

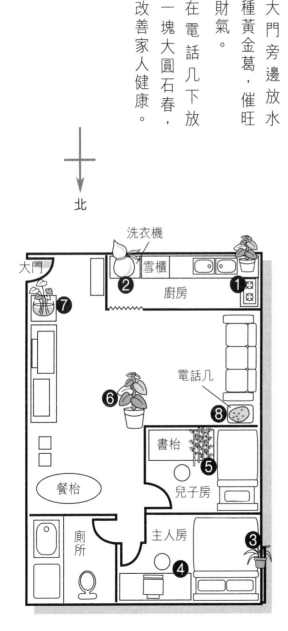

（三十一）吳小姐問：近日在馬灣買了新樓，預計四個月後入伙，想師傅指點一下風水。

風水解說

吳小姐預計的入伙時間其實並不配合地運，新居坐向在二零零四年前屬損財傷丁局，反而在二零零四年立春後便變成旺丁又旺財，所以吳小姐最好在二零零四年後才搬進新屋。

催運法

❶窗外正對一小瀑布，二零零四年前會令人破財，但在二零零四年二月轉地運後，卻會變成利財風水。

❷大門直對窗台，稍見漏財，可在通道上放屏風或高身多葉植物遮擋。另外，吳小姐兩夫婦命格皆利暖色，所以裝修上可多用青、綠、紅、橙、紫等顏色。

❸書房為全屋財位，宜放大葉植物或錢箱，有助聚財。

❹主人房房門與浴室對沖，主桃花甚重，只宜單身者居住。吳小姐既已婚，而主人房本身已是全屋桃花位所在，可以説是重上加重，對夫妻感情十分不利。最徹底解決辦法是，主人房與書房對調，如不可行，則在浴室門兩旁吊掛小植物化解。

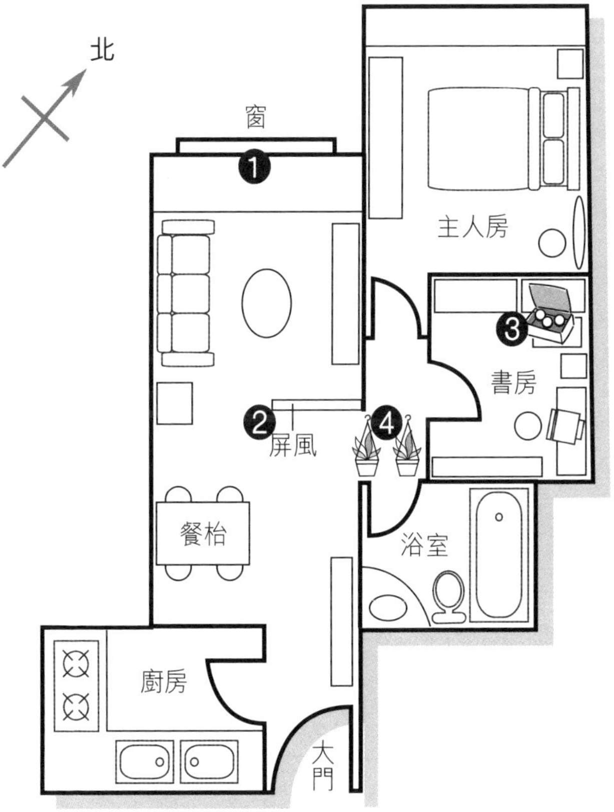

（三十二）何小姐問：想向師傅請教自身及姻緣運，並欲得悉有否機會出國留學？家中可放甚麼東西改運？

風水及命格解說

此宅大門向南，煞氣甚重，宅中人容易吵架，不利多人居住。不過，此屋間隔其實不錯，既不是好屋也不是衰屋，是「好又好得快，衰又衰得快」的大上大落格局。幸好何小姐本身運氣不錯，只是目前正在行辛苦個人力量得財運，故適宜從事專業或收入不穩定的行業。何小姐的第一段運可以行至三十五歲，三十五至四十五歲運氣將會稍停，至四十五歲後再行三十年投資做生意運。

至於何小姐的命格乃屬金，現正處於流年運之中。今年容易有姻緣，如把握不到，便要待至二零零六、二零零七、二零一六及二零一七年了。何小姐命格易嫁少夫或不正常姻緣，即有機會與年長九年以上或同年以下的男士結婚，或者對象是失婚人士，又或者異地姻緣亦可。至於出國留學，到西方國家的機會比較大，如歐洲或美加東岸等地。

催運法

❶家中桃花位在睡房A。

❷大門向南煞氣重，宅中人容易吵架，建議於梳化旁擺放高身多葉植物或吊植物，化解爭吵。

❸可於大門旁邊放水種植物催財。

❹財位在廚房及B房，是理想的格局，可放大葉植物或錢箱聚財。

❺凶位在浴室，宜放天然葫蘆瓜乾化解。

❻在家中最盡處，即睡房A與浴室之間近牆位置擺放一塊大圓石春有利全家健康。

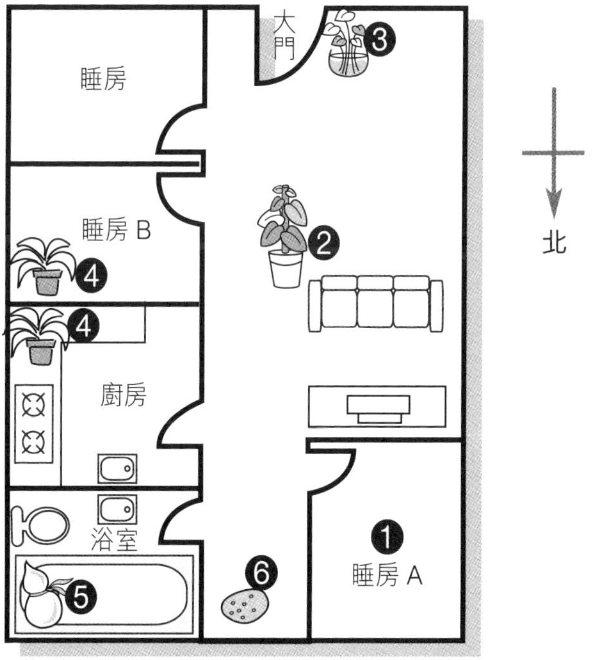

（三十三）楊小姐問：本人一人獨居，與先生離異，現想買元朗YOHO Town，請問甚麼座數及單位對本人最有利？其實，現住單位的財運也不錯，只是比較舊，已有十八年樓齡。

風水解說

YOHO Town一期大部分座數的B、C、F及G室都不錯，因大門向東南或西北的屋宅，在八運都屬旺丁旺財格局。楊小姐一人獨居，如不選旺丁屋，便會一直獨居下去，即再婚無望。次選可選大門向東或北的單位。

觀乎楊小姐的命格，今年沖太歲，加行衰運，所以今年搬屋機會很大，因沖太歲代表感情、事業及住屋都易起變化，行衰運易破財，買樓用錢也算是破財。

（三十四）黃先生問：住宅大門對浴室及屋外見大堆天線，會否影響健康？

風水解說

❶ 大門對浴室對宅中人的腎臟、膀胱及泌尿系統都有壞影響，建議於大門及浴室之間位置放一面屏風遮擋，或於浴室門左右上角位置吊植物化解。

❷ 至於屋外見大堆天線，身體易有損傷，宜在向天線位置擺放植物遮擋。

（三十五）崔先生問：家居適合甚麼顏色？附圖是未來家居的擺設，有問題嗎？如何擺設才好？另外，家中財位在哪裏？如何催財及聚財？

風水及命格解說

大門向北偏東北、八運入伙是旺丁不旺財的格局。崔先生屬平命，命格屬土，顏色宜白、金、銀、黑、灰及藍色，牀頭宜向西北；崔太屬鼠，命格屬火，出生於冬天與春天交界，故需火照暖，宜以木生火，故牀頭宜向東南，顏色宜青、綠、紅、橙及紫色。由於兩夫婦適合的顏色並不相同，不妨維持現時擺設的牀頭方向——西北，對崔先生較有利；而顏色就遷就崔太，可多用青、綠、紅、橙及紫色。

催運法

❶大門旁邊放水種植物，有助催財。

❷財位在電視櫃，建議將梳化與電視櫃位置對調，這樣便可經常坐在財位上，移動後的布置見附圖。

❸財位在原來的電視櫃位置，宜放大葉植物聚財。

❹在屋底中間位置放一塊大圓石春，可保宅中人身體健康。

❺凶位在主人房櫃，宜放天然葫蘆瓜乾，化解病氣。

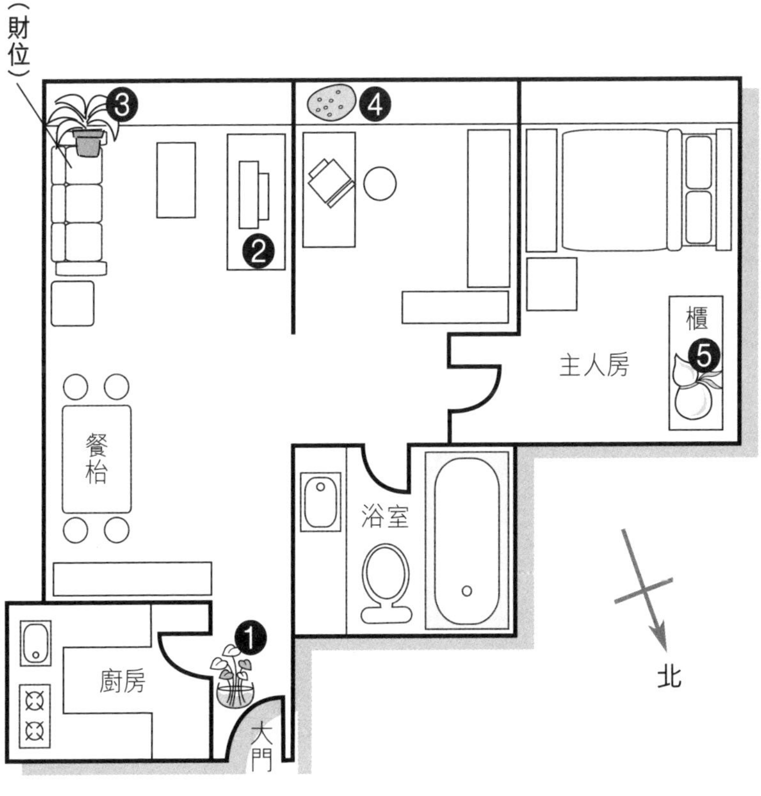

（三十六）鄭先生問：家中擺設是否有利家人健康？本人今年事業、財運如何？家人今年有否正財或橫財運？家中財位在哪？大女兒今年是否適合結婚？宅中三人今年運程如何？如放水晶，放在哪裏較好？

風水及命格解說

鄭先生家宅大門向西南，在七運屬於旺丁不旺財之局，對身體健康及人緣有幫助。單位的桃花位在正東，凶位在正北，財位在西北，內部間隔平平，正北衰位為房間，西北財位為廁所主漏財，宜加以化解。

命格方面，鄭先生屬水，鄭太屬金，大女兒則屬火，三位皆喜木火，故利東南，有利顏色為青、綠、紅、橙及紫。至於運程，鄭先生今年事業運不錯，家人今年會有正財，而是年為大女兒的姻緣年，故要把握結婚。

催運法

❶在大門旁邊放水種植物催財。

❷在浴室內放大葉植物聚財。

❸將天然葫蘆瓜乾置於睡房內，有化病、化爭吵之效。

❹在屋底中間，即睡房A窗台位置上，放一塊大圓石春，能催旺宅中人健康。

❺家裏不用放水晶。

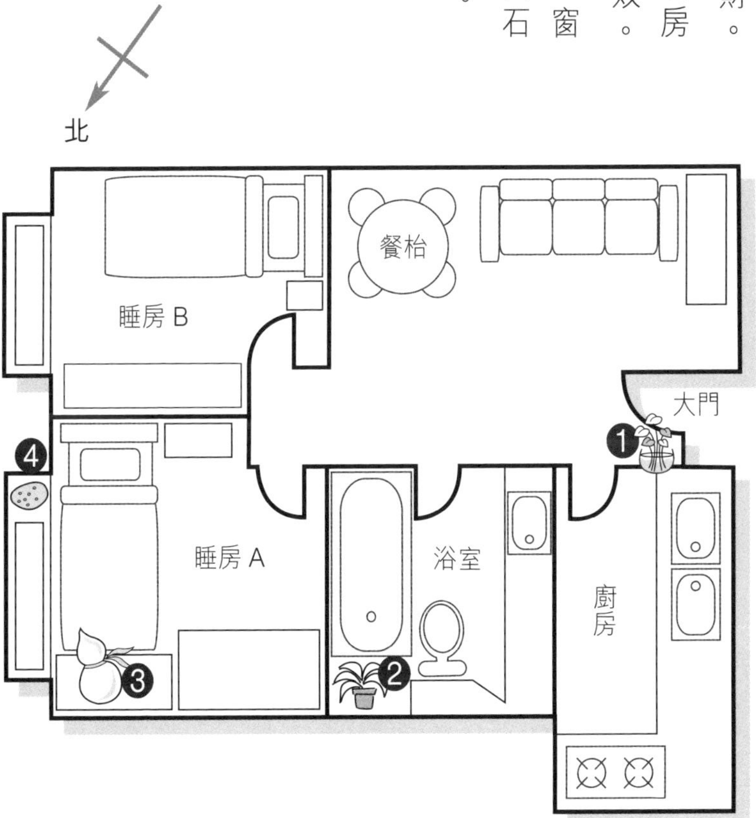

（三十七）程先生問：自從入伙後，一直都很滯運，這單位跟我們的命格是否不太配合？有何改善之法？家中財位在哪裏？如何擺設家中物件，以催旺事業運？如放水晶，該放哪種及放在哪個位置較佳？女主人今年適合轉工嗎？

風水解說

此屋大門向東南，七運入伙既不旺丁亦不旺財，須待二零零四年八運後地運轉移才有轉機。此宅財位在東北，桃花位在正北，凶位在正東。

催運法

❶廚房位置合適，內部間隔問題不大，大門雖沖房門，但沒有沖窗，故亦無問題，只是方向不佳、地運不配。

❷程先生命格屬木，程太屬土，喜用金水，利西北方，而白、金、銀、黑、灰及藍色都旺兩人，可作為家中或主人房主要色調。

❸女主人今年不宜轉工，因正在行衰運。

❹家居不用放水晶，至於風水擺設則見附圖。

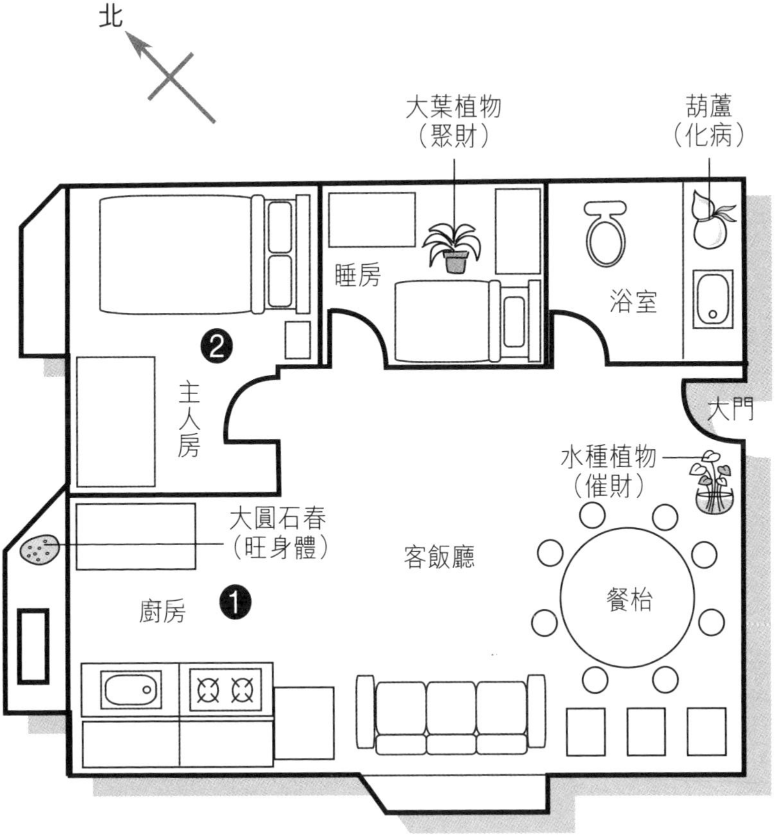

（三十八）李小姐問：家宅風水與男朋友失業及性格改變有否關係？

風水及命格解說

李小姐的家宅大門向西北，在二零零四年前的七運期間入伙，屬損財傷丁局，對感情、人緣、婚姻及身體均不利，評分不單極低，甚至要倒扣分數。家中浴室與爐灶相對，也是不利身體與人緣的設計。另一方面，李小姐男朋友屬平命人（生於西曆三月六日以後，五月六日以前），而目前熱命人（生於西曆五月六日以後，八月八日以前）與平命人運氣欠佳，須待至二零零四年後才轉好運；至於李小姐則屬寒命人（生於西曆八月八日以後，三月六日以前），故當前運勢比較有利。

催運法

❶大門放綠色地氈，以擋二零零三年流年漏財。

❷二零零三年流年的細病位在大門旁邊的書櫃，宜放上鏈音樂盒，間中扭動發聲，化解病氣。

❸在大門旁邊的書櫃位置放水種植物，有催財之用。

❹二零零三年流年大病位在東南位，宜在梳化附近放上鏈音樂盒，以金屬聲響化解病氣。

❺在屋底中間之處，即梳化近牆的位置放一塊大圓石春，能保宅中人身體健康。

❻在睡房放錢箱或大葉植物聚財。

❼在洗手間放天然葫蘆瓜乾，化解爭吵。

❽廚廁相對，水火相沖，宜在廁所門兩旁吊植物化解。

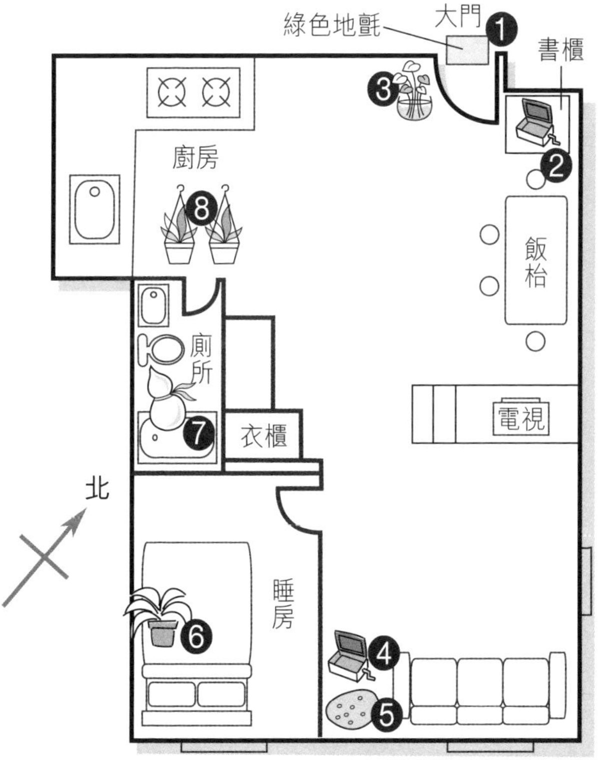

（三十九）何女士問：本人入伙一年，唯入住後覺得事事未如以往順意，望得師傅指點迷津。請問神枱位置是否正確？先父遺像宜掛於梳化上方嗎？財位在哪？如何催財？電視旁有招財貓和富貴竹（面向門口），方位正確嗎？男士房間如何？女士房的擺設有問題嗎？

風水及命格解說

這屋大門向東南，在七運屬於不旺財不旺丁之局，須待至二零零四年後才漸見好轉。此宅財位在東北（雜物房）、桃花位在正北（男士房）、凶位在正東（梳化位置）。命格方面，兩人均利金水，牀頭宜向西北，布置顏色宜用白、金、銀、黑、灰、藍。兩人在這數年間的運程皆較差，跟房子一樣，待至二零零四年入冬以後，運程便會漸入佳景。

風水佈局及催運法

❶ 神枱位置正確。

❷ 大門旁邊放水種植物催財，宜將富貴竹移至大門左右的位置。

❸梳化位置為凶位，放天然葫蘆瓜乾有化爭吵之效。

❹一般而言，先人照片以放在櫃內或櫃上較佳，此局建議置於電視櫃內，不過，掛於梳化上亦無大問題。

❺電視旁放招財貓沒問題。

❻財位在雜物房，可在窗台放大葉植物聚財。

❼男士房為桃花位所在，布置無問題。

❽屋底中間，即女士房窗台位置放大圓石春，能催旺宅中人的健康。

❾女士房的牀頭如靠浴室會對身體不利，宜將牀頭移向衣櫃那邊。

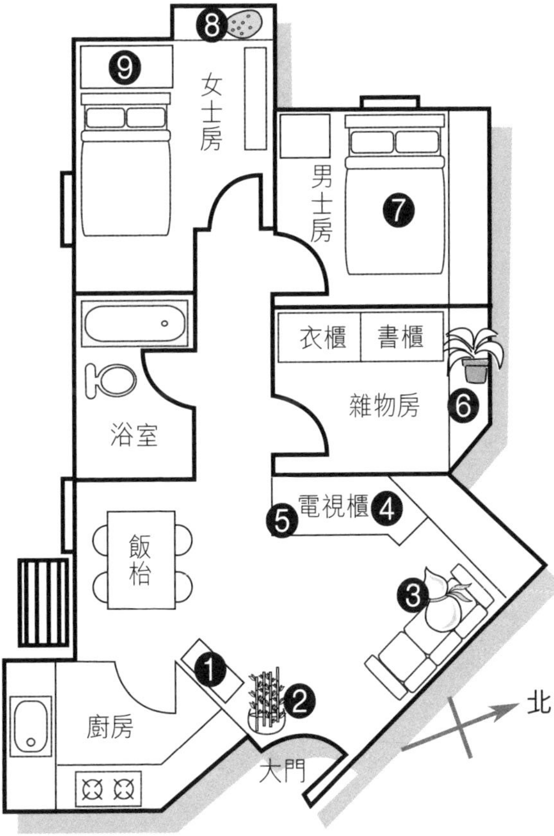

（四十）許先生問：

（一）剛剛失業，大約多久才會找到工作？適合做甚麼行業？

（二）家中財位在哪？

（三）如何催旺事業運？可放甚麼物件？

（四）今年是否適合結婚？哪個月份最好？

（五）單位跟宅主人的命格配不配合？如不配合，怎樣化解？

（六）今年有沒有正財及橫財運？

（七）如要養金魚，應放在哪？該養甚麼魚？養多少條？

（八）如要養植物，蘭花或富貴竹是否合適？養多少枝？

（九）可不可以放乾花？

（十）如放水晶，該放哪種及哪裏？

（十一）如買車，哪種顏色對本人最為有利？

風水及命格解說

此宅大門向東，在七運為旺財旺丁之局，財位在西南，凶位在正南，桃花位在東南，文昌位在西北，唯一問題是桃花位缺角，不利桃花人緣，大門沖窗稍見漏財。

許先生屬木，五行利木火、方位利東南、顏色利青、綠、紅、橙、紫，其住宅只要能配合命格所喜的顏色及睡牀方向即可。他今年行舒服運，雖然比較容易失去工作，還幸運氣仍佳，農曆五月、六月會找到新工作，下半年有正財運。行業方面，木火或有錢過手的行業最適合，如銀行、金融、地產或保險等。至於婚緣，適宜於下半年農曆九月、十二月結婚。

催運法

❶宜於財位及大門旁邊放植物——財位主人房放紫羅蘭花聚財，大門側放水種富貴竹催財。

❷可在大門旁邊鞋櫃上、不對廚房的位置放魚缸養金魚，兩條黑色、七條金色共九條魚催財。

❸在屋底中間，即睡房窗台位置，放一塊大圓石春，可保宅中人身體健康。

❹希望盡快找到新工作，可在主人房擺放高石及動水如魚缸或水種植物，有催官之效，能提升事業、名氣及地位運。另放錢箱或大葉植物能發揮聚財功效。

❺主人房近房門位置放天然葫蘆瓜乾，能化病、化爭吵。

❻水晶洞可放在近大門位置，粉晶可放桃花位，黃晶可放財位（主人房）。

❼放乾花無助風水。

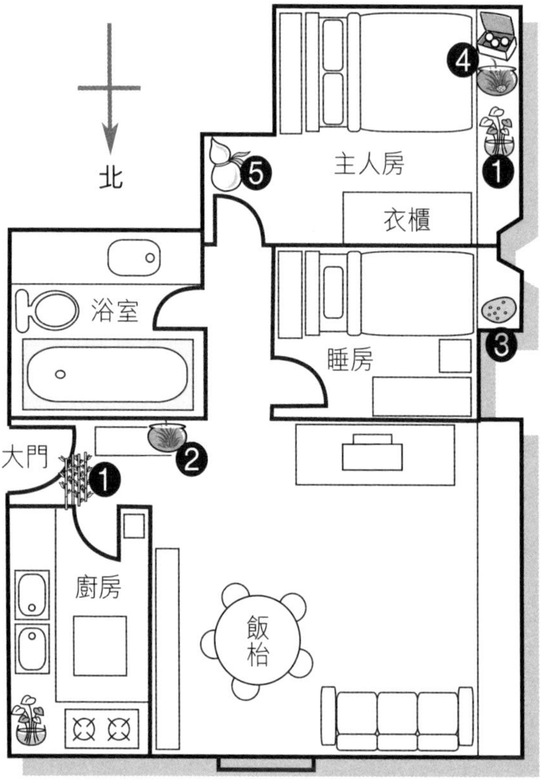

（四十一）劉先生問：

（一）本人剛於去年畢業，但工作環境不太穩定，欲知現在的工作能否穩定下來？

（二）本人事業運如何？事業發展要到何時才有轉機？

（三）本人適合做甚麼行業？

（四）本人現有機會轉往另一個部門，想問這是否合適的時機，會否成功？

（五）母親及弟弟身體長期有毛病，如骨刺、鼻敏感，有甚麼改善方法？

（六）弟弟尚有一年便大學畢業，成績一般，有方法催旺文昌嗎？

（七）如果計劃全屋裝修，有甚麼改善家居風水的建議？

（八）家宅多年財運不佳，未能聚財，有甚麼方法改善？

（九）灶下有去水喉經過，會否影響風水？

（十）本人及弟弟的桃花運如何？

風水及命格解說

此屋坐東北大門向西南，七運為旺丁不旺財之局。家中財位在西北，凶位在正北，桃花位在正東，文昌位在西南。觀乎內部布置，全屋間隔均有問題——凶位在睡房易生病，財位在廁所主漏財，再加上桃花位缺角，不利桃花、人緣，所以可謂全局皆錯。由於廁所不容易改動，所以建議房間與客廳調換位置（見附圖）。

命格方面，劉先生屬水，利木火五行、東南方及青、綠、紅、橙、紫等顏色；弟弟屬金，利金水五行、西北方及白、金、銀、黑、灰、藍等顏色。劉先生今年犯太歲，故上半年仍有可能轉工，須待入秋後工作才會較穩定，此後數年發展平穩，二零一零年至二零一五年為一生人第一次好運的開始。行業方面，宜從事思想策劃、投資等工作，如欲轉往別的部門，今年可轉，發展漸入佳景。至於劉先生及弟弟的桃花，前者零四年有桃花，後者則零五年有桃花，又以劉先生的桃花、異性運較佳，一生易得異性之助。

催運法

❶在大門旁邊放水種植物催財。

❷在大門旁邊的鞋櫃上放植物，化解大門沖窗的漏財之弊。

❸財位在廁所，宜放大葉植物或錢箱聚財。

❹在凶位即電視櫃放天然葫蘆瓜乾，化解病氣。

❺將兩個房間及客廳位置對調（見附圖）。

❻布增旺身體局——在全屋東北及西南位各放八粒白色石頭。

❼屋底中間，即改局後的客廳靠牆位置，放一塊大圓石春，能催旺宅中人健康。

❽如無讀書考試命，可在家中西南文昌位放四枝水種富貴竹，催旺文昌。

❾灶底有去水喉經過並無問題。

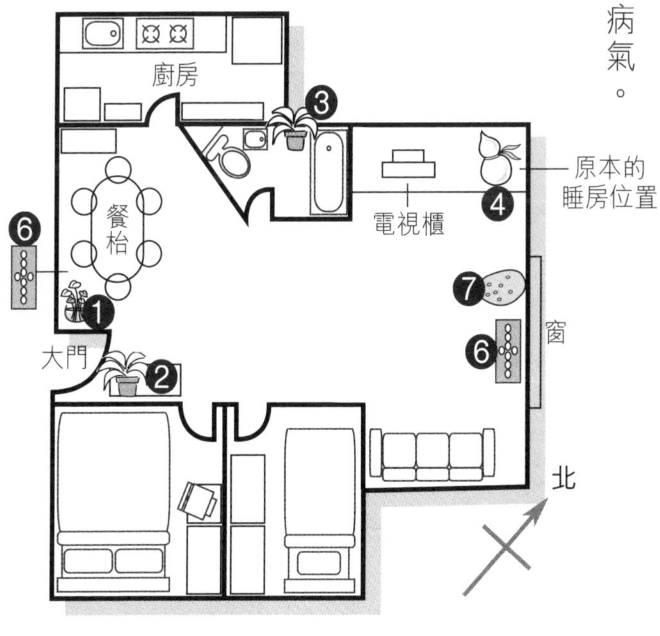

（四十二）郭太問：

（一）夫婦倆從事船務及物流行業，但因近年各行各業競爭激烈，為了多鋪一條路，故於兩年前開始嘗試做光纖聖誕飾物及光纖禮品貿易生意，請問這兩間公司哪間的發展較好、較長遠？

（二）屋內各家具的配置是否適當？如神枱方向、兒子房間及主人房等。

（三）飾櫃內靠牆處有一面鏡子（但有飾物阻擋），剛好此鏡對着屋內走廊及主人房門口，未知有否問題？

（四）大門入口處於去年年底加放了一個屏風鞋櫃，對聚財有否幫助？本宅財位在哪，是否需要放甚麼催旺嗎？

（五）主人房向東南的側窗（即牀尾）探頭可遠眺柴灣墳場，雖隔很遠，但對家宅有影響嗎？若有，該如何化解？另外，此窗也可望到園景及泳池，再遠點可望到學校，有問題嗎？

（六）去年前往潮州時，經人介紹買了兩隻貔貅，據說將其中一隻放在家中地主右邊，底下壓放九十九元利是，便可保家宅平安；而另一隻則放在寫字枱上，亦於底下壓放九百九十九元利是，便可招財。但後來看到報章說貔貅煞氣太大，不宜放於家宅，結果一直不敢擺放，請指點。

（七）本人已有一個兒子，欲多添一個女兒，不知何時可得償所願？在風水上可有特別佈局？本人今年犯太歲，適宜懷孕嗎？

（八）如進修企業管理文憑，會否成功？另，本人欲於今年底抽兩至三個月時間前往英國進修英語，能否成行？

風水及命格解說

此局大門向西，七運為旺財旺丁局，但二零零三、二零零四年漏財，宜在大門內或外放綠色地氈截財。財位在正北，桃花位在東北，凶位在西北，文昌位在正北。

（一）經營光纖聖誕飾物發展很大，因你丈夫命格喜火，而光纖屬火；而你則命格喜水，適宜從事貿易。

（二）擺放坐向全對。

（三）鏡不宜對房門，應盡快移開以防引來疾病及爭吵。

（四）有幫助，可擋漏財。

（五）柴灣墳場排列整齊，故對風水無壞影響，不用化解；泳池在北面，無好無壞；學校為四方形建築物，為案台，有利讀書、考試、升遷。

（六）貔貅古稱「辟邪」，是古時看守墓穴之神獸，用以壓陰邪，不宜放在家中，應向窗外。

（七）無法控制生男生女，但男戶主八字顯示今年容易添丁。

（八）今年行辛苦讀書運，可以進修，唯二零零四至二零零五年為思想學習運，讀書和學習更易入腦。

催運法

❶流年漏財，宜於大門位置放綠色地氈。

❷大門後放天然葫蘆瓜乾化爭吵。

❸財位在飾物櫃處，宜放大葉植物聚財。

❹在睡房擺放一塊大圓石春，有助旺宅中人健康之效。

❺二零零三年流年大病位在主人房，宜在主人房睡牀牀底放一塊灰布，並在布下放六個古錢，以保人口健康。

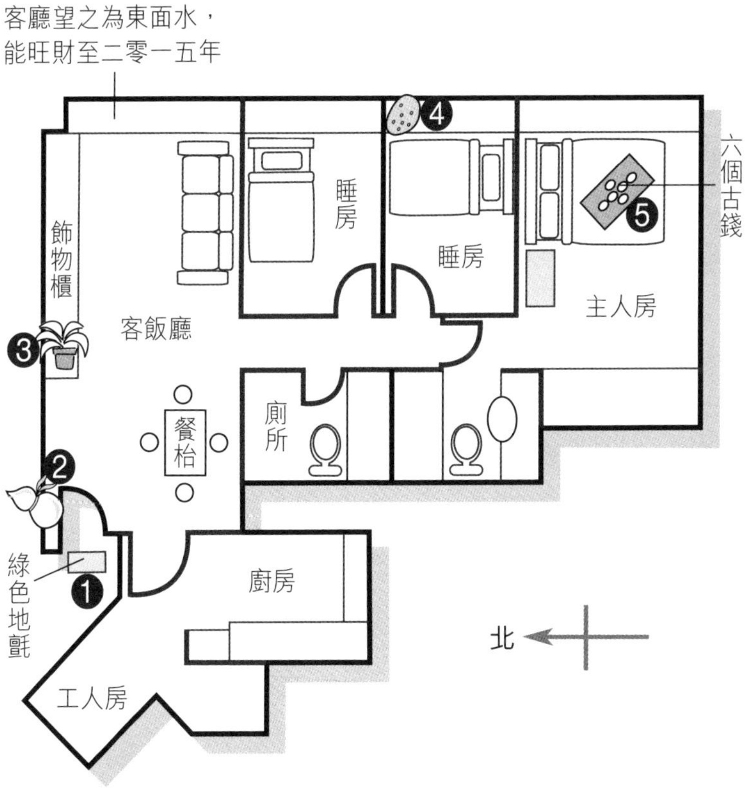

（四十三）李女士問：

（一）家宅佈局及間隔有否問題？

（二）本人從多年前起已有耳鳴，有何解決方法？

（三）大女兒及小女兒何時有姻緣？

（四）大女兒與公司年底約滿，續約成功機會有多大？

（五）小女兒將於明年畢業，適合做甚麼行業？

（六）本人及家人財運如何？

（七）本人投資股票多年，但蝕多賺少，請問今後的投資策略該如何？

風水及命格解說

這屋大門向東南，七運為不旺財不旺身體之格局。家中財位在東北方，凶位在正東，桃花位在正北。此宅須待至二零零四年後才入運。

（一）大門對廚房，容易生病，主要影響心、眼、血及皮膚，宜放屏風遮擋。

（三）耳屬腎，屬水，因你在夏天出生，火旺而水無力，所以腎弱容易耳鳴。風水上的改善之法，就是在睡房的正東放一個音樂盒，並在房中的正南、正西及正北方各放一杯水。

（三）大女兒今年有桃花，二零零六年易見姻緣；小女兒年紀尚小，不用擔心。

（四）大女兒今年運程不佳，如續約條件較差亦宜接受，因不續約的機會很大。可於續約之時在家中正東位置放一杯水，內放一株海草、一粒黑石催財，以增加續約機會。

（五）小女兒適合從事金融、銀行類等有錢過手之職業，教書亦宜。

（六）目前家宅財運不佳，二零零四年稍好，但須待至二零零七年後才會真正好轉。

（七）你正在行衰運，還是買藍籌股作儲蓄好了。

催運法

❶大門旁邊放水種植物催財。

❷大門對廚房，宅中人容易生病，宜放高多葉植物或屏風遮擋。

❸流年細病位在李女士睡房，大病位在小女兒睡房，宜在兩個睡房放音樂盒化解。

❹在大女兒房間放錢箱聚財，並在睡牀下放天然葫蘆瓜乾化病、化爭吵。

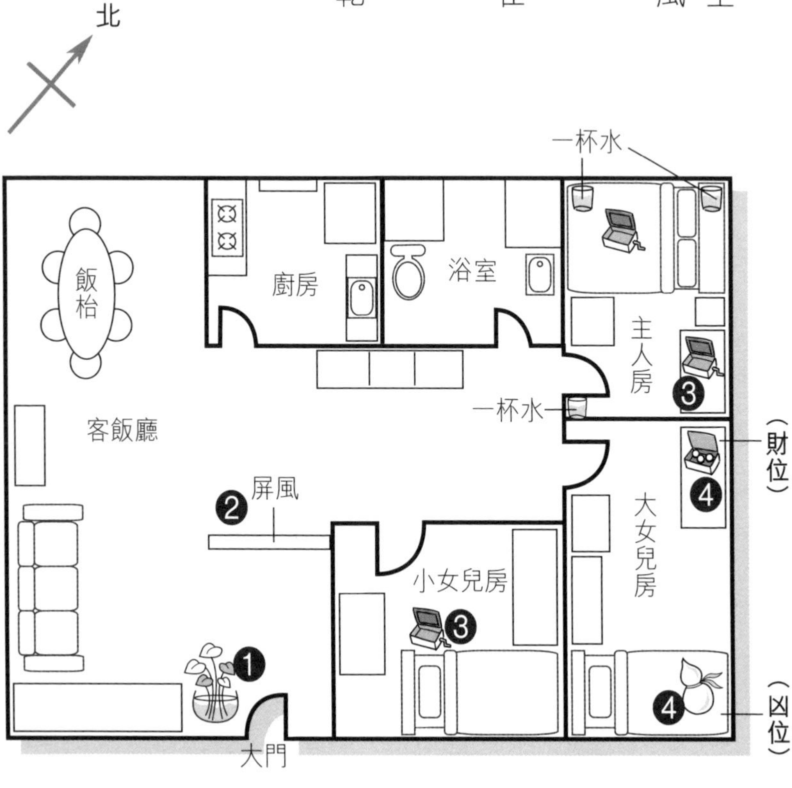

（四十四）許先生問：

（一）家居適合甚麼顏色？我喜歡粉藍色配櫸木家私，適合我們嗎？

（二）財位在哪方？觀音像可放在甚麼位置？有甚麼方法加強財運、事業運及健康運？

（三）小孩將於年底出生，將客房改作嬰兒房恰當嗎？

（四）此屋乃舊房子，搬進去時需要注意甚麼？

（五）我們有個魚缸，適合放哪兒？

風水及命格解說

（一）許先生命格秋冬出生，要木、火，睡牀牀頭適宜向東南，顏色宜青、綠、紅、橙、紫。由於未知許太是西曆三月六日前或三月六日後出生，故難以定奪；若在三月六日前出生，睡牀牀頭宜向東南，顏色宜用青、綠、紅、橙、紫；若出生於三月六日後，則適宜牀頭向西北，顏色宜白、金、銀、黑、灰、藍。

（二）此屋大門向東，二零零四年前入住是旺財旺丁局，財位在主人房，桃花位在廚房，凶位在飯廳，浴室對客房門旺桃花，佈局基本上沒有問題。另觀音像宜放在正對大門口的位置。

（三）BB適合睡客房，主讀書、人緣好；另BB牀牀頭宜向南，宜用青、綠、紅、橙、紫色。

（四）入伙時神位要上座，然後開爐煲水。

（五）魚缸宜放近大門，見附圖。

催運法

❶ 大門旁邊放水種植物催財。

❷ 魚缸宜放在大門附近的櫃上。

❸ 在客房近主人房的角落放一塊大圓石春，可保宅中人身體健康。

❹ 財位在主人房，可放錢箱聚財。

❺主人房放高石，可催官、旺名氣。

❻凶位在飯廳，宜放一個天然葫蘆瓜乾化病氣。

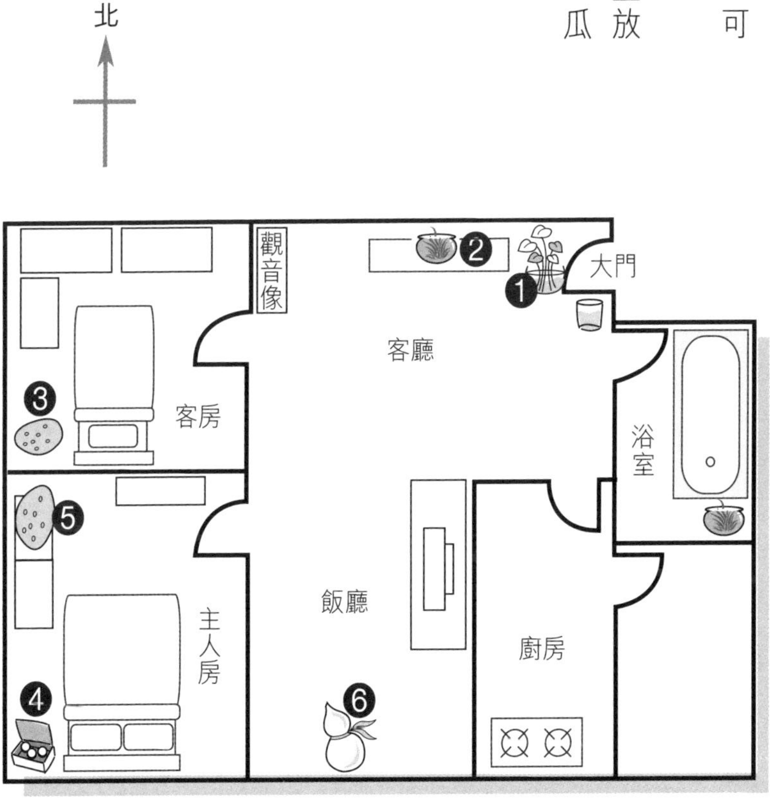

（四十五）余先生問：欲知自身的財運、事業運與愛情運，可以如何改善？另外，與現任女朋友發展如何？往後的發展會如何？雙方會因為金錢而出現問題嗎？

風水及命格解說

余先生命格屬金，要火，睡牀牀頭宜向東南，顏色宜青、綠、紅、橙、紫，一生運程平穩，目前不宜有大舉動，須待五十五歲後才入運。

余先生不適合做生意，反而打工比較好，宜從事策略性工作或佔少許股份的角色，但切忌獨當一面。財運方面，運勢平平，但此宅由今年開始有五年入財運，所以就算命格一般，也能得家宅「搭救」，料有兩、三成幫助。至於感情運，二零零四、二零零五年是結婚年，兩人如不結婚便會容易分手。

單位大門向東北，七運屬旺財不旺丁之局。家中桃花位一部分在電視位，另一部分在露台（即缺角），故人緣普通；財位在浴室主漏財；凶位在梳化；廚房近財位，旺丁。

此宅可布置旺身體及人緣局，建議分別在東北及西南方擺放八粒白石。最後，若家居可改間隔，則參考附圖。

催運法

❶ 大門旁邊放水種植物催財。

❷ 組合櫃移至凶位及流年大病位，並放天然葫蘆瓜乾及音樂盒化病氣。

❸ 梳化移至桃花位，有助改善宅中人的人緣。

❹ 財位在浴室，宜放植物聚財。

❺ 細病位，放音樂盒化病氣。

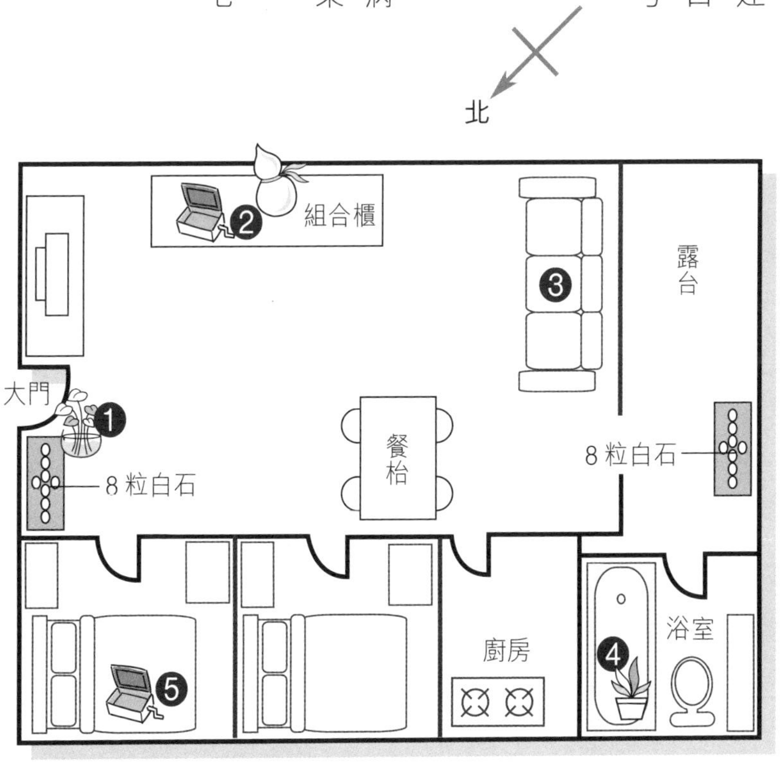

（四十六）楊女士問：本人已婚，並育有一女一子，現有以下問題請教——

（一）婚姻運如何，與丈夫八字會不會相沖？

（二）事業運如何？

（三）財運如何？如何催旺財運？

（四）健康運如何？

（五）子女學業如何？

（六）家居擺設是否恰當？

風水及命格解說

（一）楊女士命格屬土，冬天出生，需火照暖，以木生火。命格現時行剋夫運至三十六歲，而剋夫運的意思是，有夫妻之名而無夫妻之實，夫妻緣分淡薄、感情冷淡，須至三十六歲時才有轉機。另外，剋夫運亦顯示丈夫不在好運中，由於正在行剋夫運，所以嫁哪一個都會這樣，而非與現任丈夫八字不配。

至於楊女士的丈夫，命格屬水，秋天出生，同樣要火照暖，要木生火，十三歲開始行運至四十三歲，四十三至五十三歲稍停，五十三至七十三歲繼續行運。丈夫命格行運，而妻子卻行剋夫運，兩者命格互不相配，出現矛盾，所以姻緣便難免出現問題，或有離婚迹象，但只要妻子能忍受至三十六歲，便不會離婚。

（二）、（三）事業及財運方面，丈夫正在行好運，而妻子則行衰運。

（四）健康方面，丈夫沒有大問題，但楊女士冬天出生，屬寒命，要火卻完全沒有火，故有內心冰冷之象，常常覺得丈夫不夠關心自己，且喉嚨、氣管及呼吸系統易有問題，腸胃容易敏感肚瀉，不過今年問題不嚴重。

（五）子女學業方面，女兒命格屬火，冬天出生，亦是要火照暖，以木生火。由於她少年不行讀書運，而行「百厭運」，故宜多做運動發泄精力才容易讀到書，或到外地讀書亦可。楊女士夫婦及女兒的睡牀牀頭皆宜向東南，顏色宜多用青、綠、紅、橙、紫。

至於兒子，命格屬金，生於夏天，要水滋潤，要金生水；睡牀牀頭宜向西北，顏色宜白、金、銀、黑、灰、藍。與女兒一樣，兒子同樣行「百厭運」至十四歲，十四歲之後才有較理想的學業成績。總括而言，兩位小朋友的讀書運只是一般。所以，宜在文昌位催旺文昌，而此宅的文昌位在正西，即孩子房，可將書桌搬至此，同時擺放催官局，以利讀書。

（六）此宅大門向南，是爭吵屋，不過可以布置催官局（見附圖）以催旺升職、名氣及小朋友的讀書運。另外，家中桃花位在廚房，凶位在陽台，財位在客廳，家居擺設都適當。

催運法

❶大門旁邊放水種植物催財。

❷布置催官局——在主人房放水種植物，並在文昌位放書枱及高石，以催旺事業運及讀書運。

❸在屋底即廚房位置放大圓石春，以保宅中人口平安。

❹在凶位放天然葫蘆瓜乾，化解衰氣。

❺財位在飯枱，宜放大葉植物聚財。

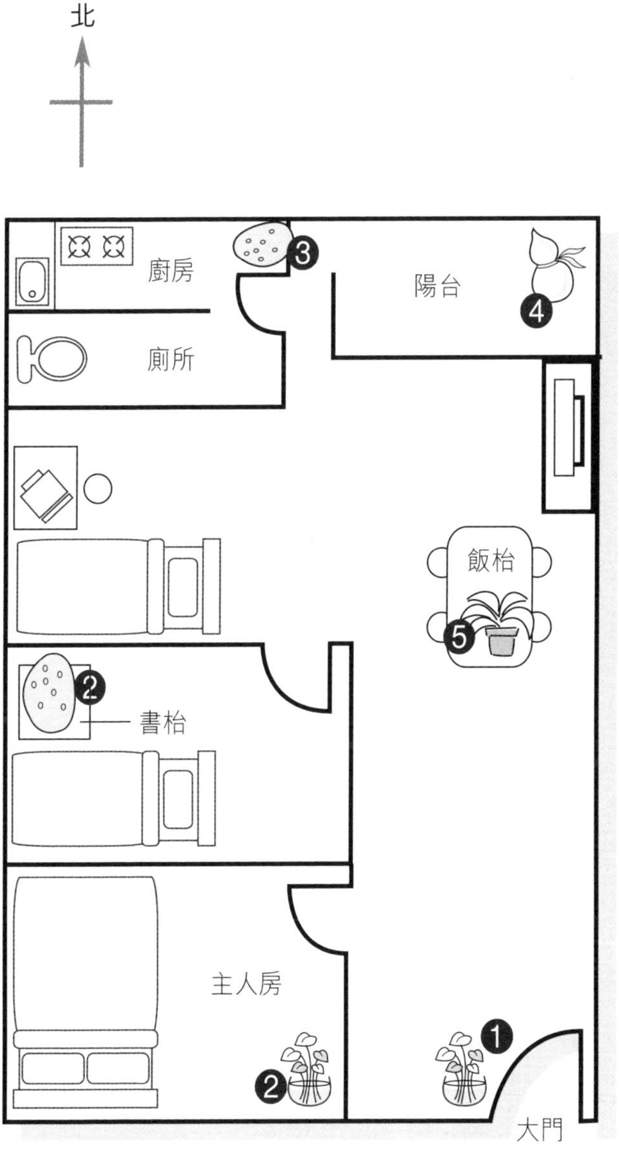

（四十七）朱先生問：

（一）家中擺設是否正確？

（二）夫妻經常爭吵，怎樣化解？

（三）本人工作欠順，有否補救方法？

（四）有甚麼方法加強財運？

（五）本人屬虎，太太屬蛇，是否相配？

風水及命格解說

（一）此屋坐壬向丙，七運為旺財不旺丁局。大門向南為爭吵屋，幸好此宅並非向正南，故爭吵情況較輕。全屋凶位在主人房睡牀牀尾，財位在牀頭，桃花位在西北的房間。要注意的是，主人房的睡牀放在房門旁邊會令睡者情緒不穩，但為了避免睡在凶位之內，現時的睡牀位置適當，不過最好還是在房門與睡牀旁邊放置一個高身牀頭櫃化解。

（二）希望化爭吵，可於全屋中間位置吊一棵植物或放座地植物（見附圖）。

（三）工作欠順，欲催旺財運的話，可以擺放二零一二年流年催財局，即在全屋的正西、西北及東北各放一杯水催財。

（四）欲增強運氣，可於大門旁邊水種植物催財，宅內最盡處放大圓石春旺健康，財位放大葉植物聚財，凶位放葫蘆化病。大葉植物可選黃金葛、非洲紫羅蘭等。

（五）傳統來說，屬虎與屬蛇是相刑的，但單以生肖是無法推算兩人是否相配，應以出生年月日計算會較為準確。

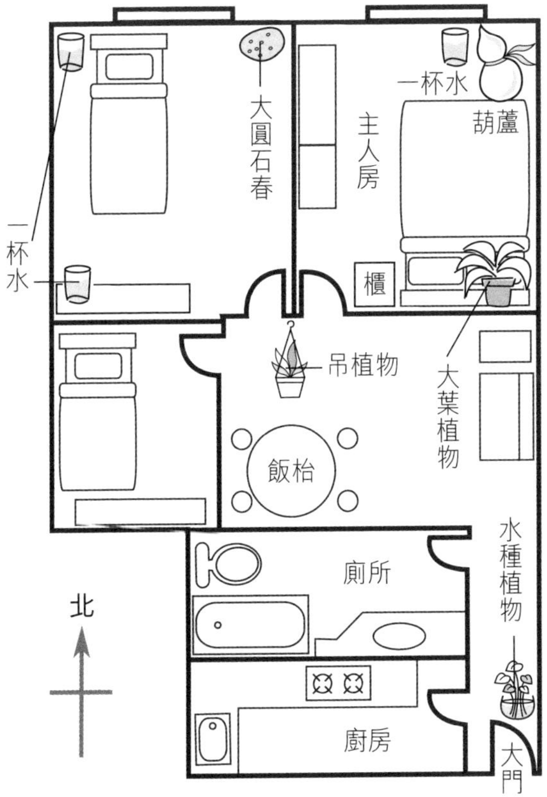

（四十八）楊女士問：

（一）打算將複式單位上層的書房改為小兒子睡房，適合嗎？

（二）兒子很頑皮，讀書不用功，房間該如何布置？

（三）如何擺放家具能使工作、投資等較順利？

（四）複式單位下層的廚房門對着大門有沒有問題？

（五）此屋與家中各人配合嗎？

風水及命格解說

此屋大門向西北，二零零四年後

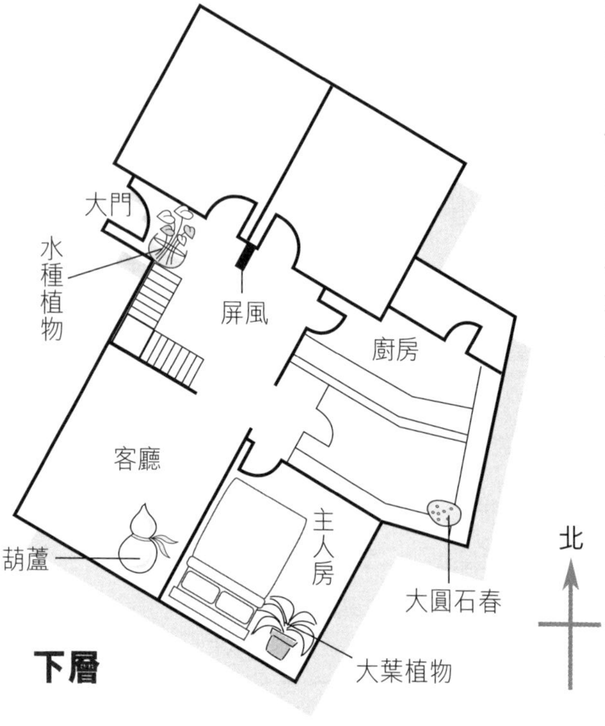

行二十年大運，財位在下層主人房，客廳為桃花位，衰位在主人房及客廳之間，可放葫蘆化解，至於吉位在飯廳，下層睡房為平位，廚房為穩陣位。

（一）上層小兒子睡牀牀頭向東南與命格配合，是適合方位。

（二）小兒子屬活動型命格，入讀國際學校較為合適。若要改善文昌，書枱位置宜移至文昌位。

（三）要加強財運，可在大門旁邊放水種植物催財，並於

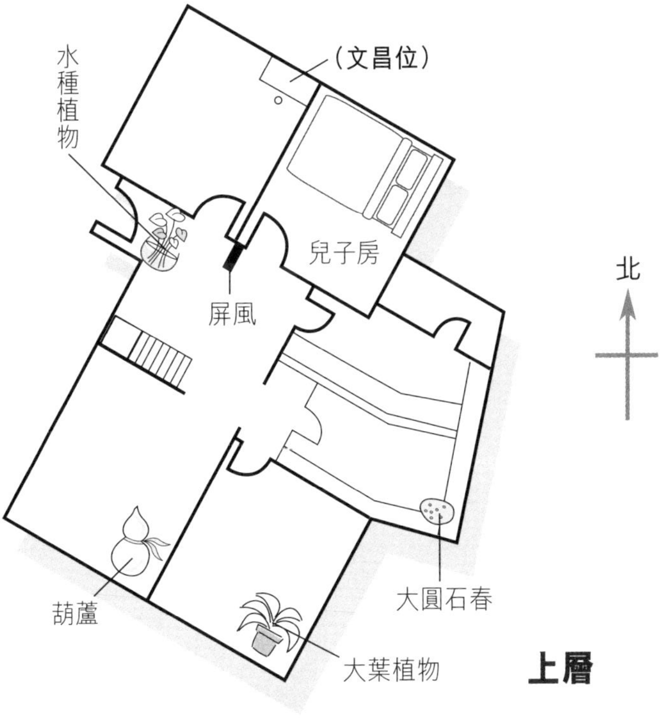

上層

位處財位的主人房放大葉植物，這樣將更加聚財。

（四）大門直對廚房門是風水大忌，宅中人一定會多病痛。幸好大門與廚房門距離很遠，所以要解決很容易，只要在兩者之間加一道屏風就可以了。另外，可在屋底放一塊大圓石春，以保宅中人身體健康。

（五）屋主於立春前出生，屬猴，生於冬天，命格屬木，要火照暖，以木生火，牀頭宜向東南，顏色宜多用青、綠、紅、橙及紫；至於楊女士命格屬水，生於秋天落葉季節，同樣要火照暖，以木生火，與丈夫命格相同。至於大女兒屬土，金水有利，木火為忌，睡牀牀頭宜向西北，顏色則宜用白、金、銀、黑、灰、藍；小兒子命格屬水，需火照暖，以木生火，睡牀牀頭宜向東南，顏色以青、綠、紅、橙、紫為佳。由於大女與小兒子命格不同，建議睡房分別使用配合其個人命格的顏色。

（四十九）曹太問：

（一）請問本宅的家居擺位有沒有問題？

（二）丈夫身體有些小毛病，家中病位在哪？該如何化解？

（三）女兒運程平平，如何催旺財運和姻緣運？怎樣有橫財運？

（四）家中有兩張飯枱，會否影響運程？

（五）家中的財位在哪？凶位在哪？

（六）本宅面對屯門公路是否煞氣重，有何影響？擺石獅子有否幫助？

風水及命格解說

（一）大門向東南，七運入伙屬損財傷丁局，加上大病位在大門，唯有鋪灰地氈，並於底下放銅片化解。此外，主人房房門向廁所門，對腎、膀胱及泌尿系統有影響，宜吊兩棵萬年青於廁所門口；又睡牀牀頭在房門旁邊，建議將牀頭牀尾位置對調。

（二）男戶主今年流年不利，明年會轉運。另外，明年病位在廚房灶頭，屆時可放音樂盒化解。

（三）女兒運程平平，是因為大運未到，三十五歲開始行三十年運。

（四）家中放兩張飯枱並無問題。

（五）財位在梳化旁邊，可放大葉植物聚財。

（六）家宅面對屯門公路的確是煞氣較重，可擺放石獅子及植物化解。

催運法

❶凶位在梳化與近大門的飯枱之間，宜放天然葫蘆瓜乾化解。

❷在主人房放音樂盒化解病氣。

❸在屋底，即女兒房睡牀牀頭位置，放一塊大圓石春，有助催旺家宅健康運。

❹在大門旁邊放水種植物催財。

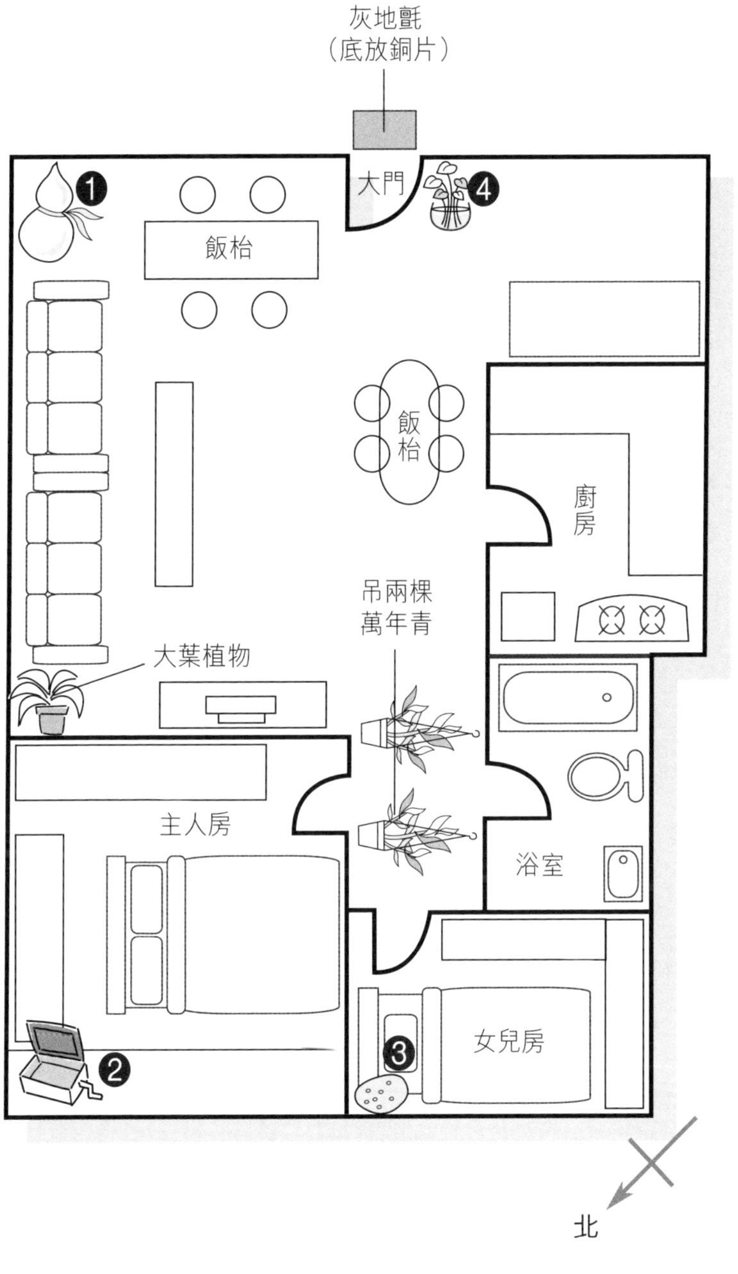
灰地氈
（底放銅片）
大門
飯枱
飯枱
廚房
吊兩棵
萬年青
大葉植物
主人房
浴室
女兒房
北

（五十）張先生問：如何擺放家具以增強財運？如欲催旺桃花及事業運，該如何佈局？兩間睡房的睡牀方位正確嗎？哪個位旺身體健康？

風水及命格解說

張先生冬天出生，命格屬火，要火取暖，以木生火，牀頭宜向東南，顏色可用青、綠、紅、橙、紫。張先生的住宅大門向南，二〇〇四年至二〇二四年為旺財不財丁，大門為吉位，客廳為平位，桃花位在主人房，另一睡房為最衰位，財位在廚房。

催運法

❶在大門旁邊放水種植物催財，並於廚房財位放大葉植物聚財。

❷毗鄰浴室的睡房睡牀不應貼近廁所的牆壁，對身體不利，若不能移動睡牀，可在睡牀與廁所之間放八粒石春化解，橫六粒、上下各一粒，十字形擺放。

❸在凶位即書枱上放天然葫蘆瓜乾，化解病氣。

❹在主人房牀頭放一塊大圓石春，以催旺宅中人身體。

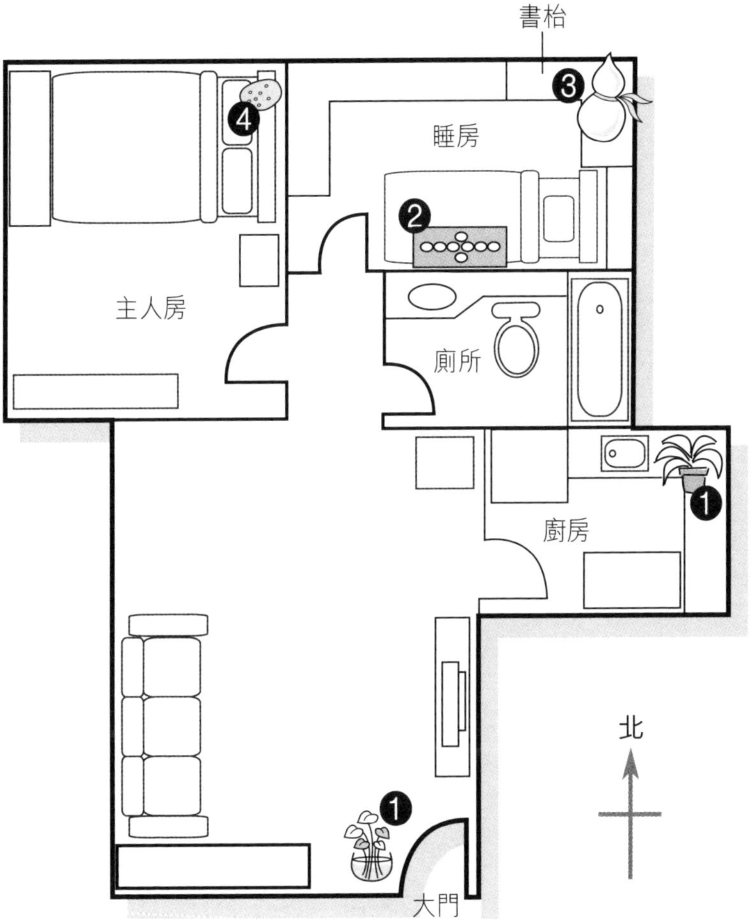
書枱
睡房
主人房
廁所
廚房
北
大門

（五十一）黃先生問：

（一）請問屋外景觀（尤其是山墳及石灘）會否影響宅中人之運氣？如何化解？

（二）請問以甚麼顏色作為屋內主色比較合適（如米色、淺色之顏色）？可否在客廳的其中一道牆髹上別的顏色（如淺啡色、淺粉橙或粉紅色）？

（三）本單位現時鋪的是木地板，但本人希望改用米白色的地磚，是否合適？

（四）大門與客廳的窗成一直線，會否引致漏財，該如何化解？

（五）宅內適宜安裝燈槽嗎？可以的話，可否安裝在梳化上方之位置？射燈及光管數目有否限制？甚麼數目比較理想？

（六）如放魚缸，應放在哪裏？

（七）財位在哪裏？可放甚麼東西加強運勢？

（八）可否在大門天花（屋內）裝燈？這樣會否使屋內的陽氣增強而催旺運勢？

風水及命格解說

男女戶主同是秋冬出生，皆屬寒命，五行宜木火，顏色喜青、綠、紅、橙、紫，睡牀牀頭宜向東南。

（一）屋外望山墳及石灘皆不會影響運程，只要山墳排列齊整就可以。由於主人房望見動土，建議按次序由外至內排列音樂盒、石春、紅色利是封、植物及一杯水化解。

（二）戶主秋冬出生，要木生火，火來取暖，宜用紅、綠、橙、紫等顏色。至於米白、淺色為中性色，亦可使用。

（三）米白色地磚可以使用。

（四）大門與客廳的窗成一直線，漏財並不嚴重，可放高身多葉植物或屏風化解。

（五）安裝燈槽沒有問題，只要射燈不是三盞平排就可以。

（六）魚缸可放在大門附近的鞋櫃旁邊，這樣既可不放屏風，又可催財。

（七）財位在客廳，可放大葉植物催財。

（八）大門頂裝燈並無問題，與風水運勢無關。

催運法

❶大門旁邊放天然葫蘆瓜乾，化病化爭吵。

❷屋底放大圓石春，可保宅中人身體健康。

❸財位放大葉植物、錢箱聚財。

❹大門旁邊開門處放水種植物催財。

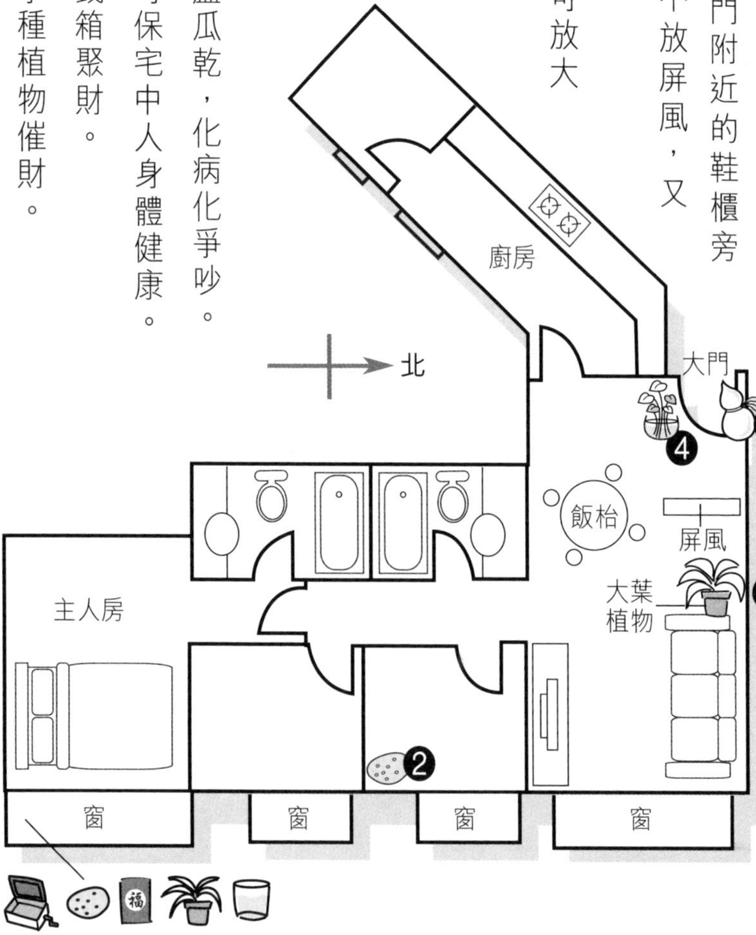

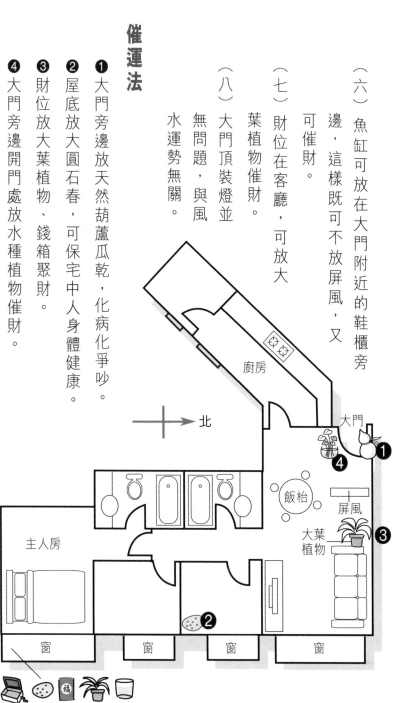

（五十二）李小姐問：

（一）將鞋櫃放在大門入口通道旁，有負面影響嗎？
（二）家中財位在哪？
（三）如何改善本人的人緣？
（四）哪個方位能催旺身體健康，並使家庭和睦？
（五）哪裏是桃花位？如何化解？
（六）哪個方位可以旺事業？

風水及命格解說

李小姐命格屬金，李先生命格屬水，二人皆在秋冬季出生，為寒命人，睡牀牀頭宜向東南，顏色喜青、綠、紅、橙、紫。

（一）在入門走廊放置鞋櫃，不會影響運程。
（二）財位在廁所，可放大葉植物、錢箱或銅錢聚財。

（三）桃花位利人緣，位於梳妝枱及衣櫃，唯該位置缺角，減弱桃花位之力。

（四）在睡房近冷氣機位置放大圓石春，有利屋內人身體健康；另窗台見山墳，要看山墳是否整齊排列，如整齊則當好山看，否則需放三盆植物化解。

（五）衰位在廚房，宜在灶底擺放天然葫蘆瓜乾化解。

（六）此宅大門向東南，屬損財傷丁局，唯二零零四年地運轉移便會改善。

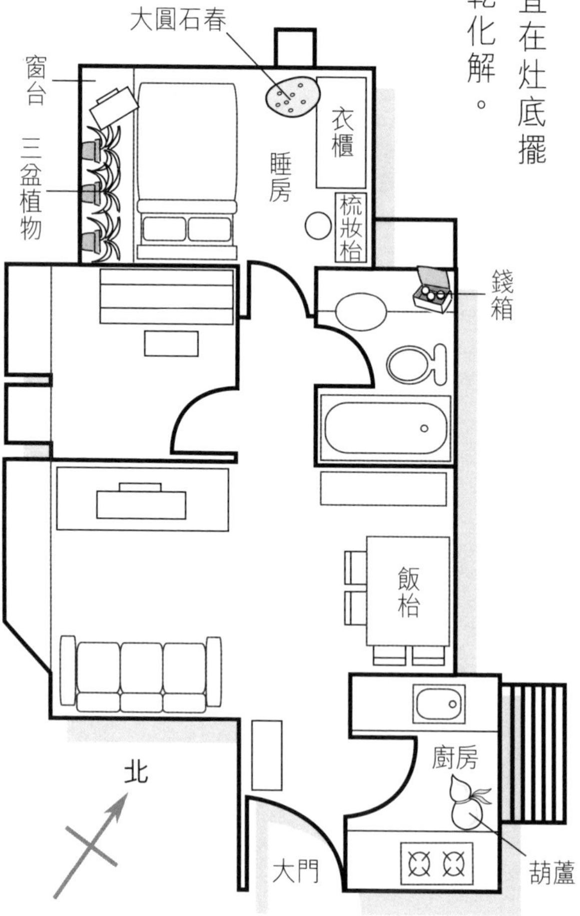

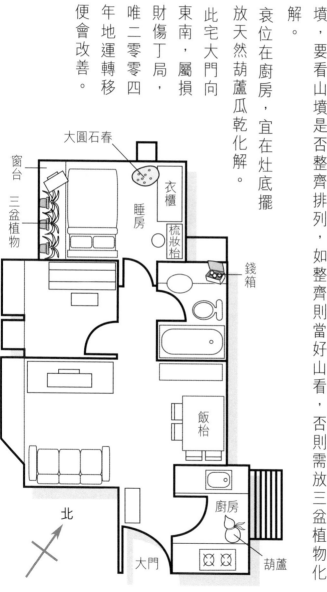

（五十三）劉小姐問：

（一）家中大部分家具以深紅木色為主，請問是否恰當？如何修改？

（二）如何令丈夫事業順利？

（三）文昌位及財位在哪裏，如何催運？

（四）家中各人健康運如何？

風水及命格解說

男戶主屬金，需木火，睡牀牀頭宜向東南，顏色喜青、綠、紅、橙、紫；女戶主屬木；戶主女兒屬火，有利顏色同樣為青、綠、紅、橙、紫。

（一）家具以深紅木色為主，非常合適。

（二）大屋坐南大門向北，二〇〇四年至二〇二四年間入伙為旺丁不旺財局，大門旁邊放水種植物催財；女兒房為桃花位；電視機為衰位，宜放天然葫蘆瓜乾化解；主人房睡牀牀頭掉轉向東。

（三）文昌位在女兒房中的書枱，可放四枝富貴竹，電腦應稍移往睡牀方向。

財位在主人房，可放大葉植物或錢箱聚財。

（四）主人房牆邊牀尾位置放大圓石春，有增強宅中人身體健康之效。

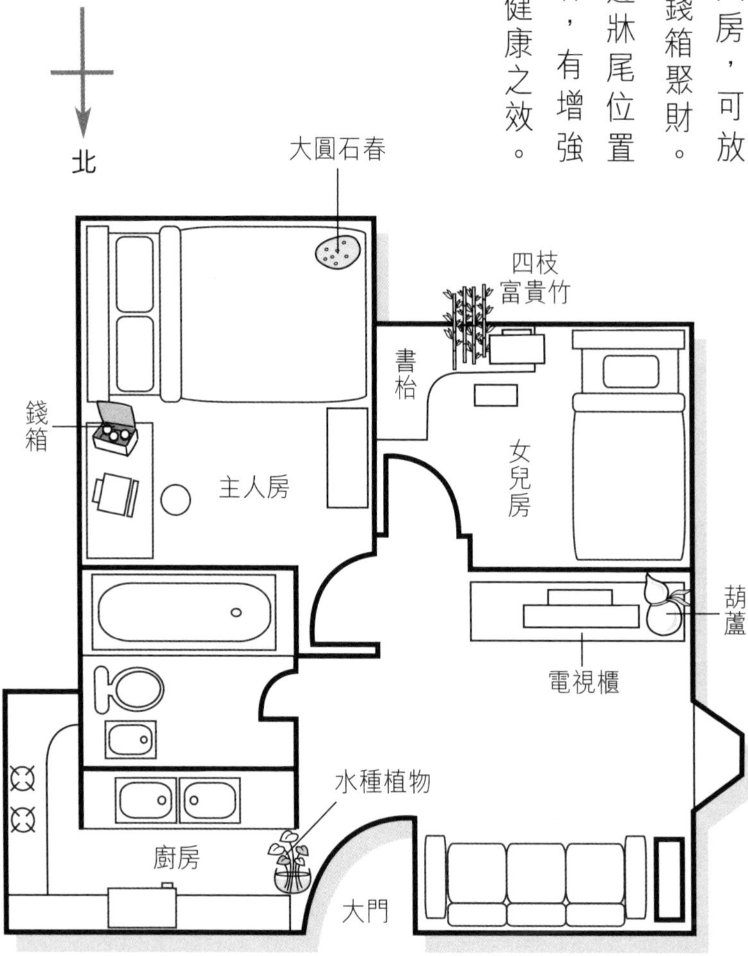

（五十四）方先生問：

（一）明年流年運程如何？

（二）自己與女朋友兩人事業運如何？何時結婚最好？

（三）牆身用甚麼顏色較好？

（四）哪裏是財位？怎樣催財？

（五）該如何擺設家具？

風水及命格解說

方先生屬土，命喜火木，睡牀牀頭宜向東南，顏色宜用綠、紅、橙、紫等暖色系列。至於女朋友屬木，金水有利，睡牀牀頭應向西北，宜用白、金、銀、黑、灰及藍色，但因女朋友本身屬平命，故睡牀牀頭可因應方先生的方位擺放。

（一）男方，三十四至六十四歲行運，到四十七歲後更會有新突破，要留意三十四歲開始進入大運之時，會有最少三年至五年的混亂期。至於女方則運程普通，須至四十七歲才有突破。

單位大門向東北偏北，二零零四年八運入住為旺財旺丁局，明年二零一三年開始轉為入財格局，但爭鬥位在東位，住者會易生爭執，可於大門外或內擺放粉紅色地氈化解。大病位在全屋的中間位置，可於浴室門外放灰色地氈，另外亦應於每間睡房的門外吊掛小風鈴；至於小病位則在客廳旁邊的睡房，可於窗台上放音樂盒化解。

（二）兩人事業平穩，今年是姻緣年，最適合結婚。

（三）牆色可選擇方先生命格喜用的顏色。

（四）財位就在主人房，可在房中放大葉植物或錢箱聚財；如要催財，則可於大門旁邊放水種植物。

（五）客廳屬於桃花位，應放梳化，其餘家具可按照需要或喜好擺放。但有一點要特別留意，就是大門對窗稍有漏財之象，可放屏風或高身多葉植物遮擋。另外，主人房中的睡牀牀頭應向東南，錢箱放在窗台上；至於另一睡房，就可作書房之用，書枱應向窗台，而窗台上宜擺放大圓石春。

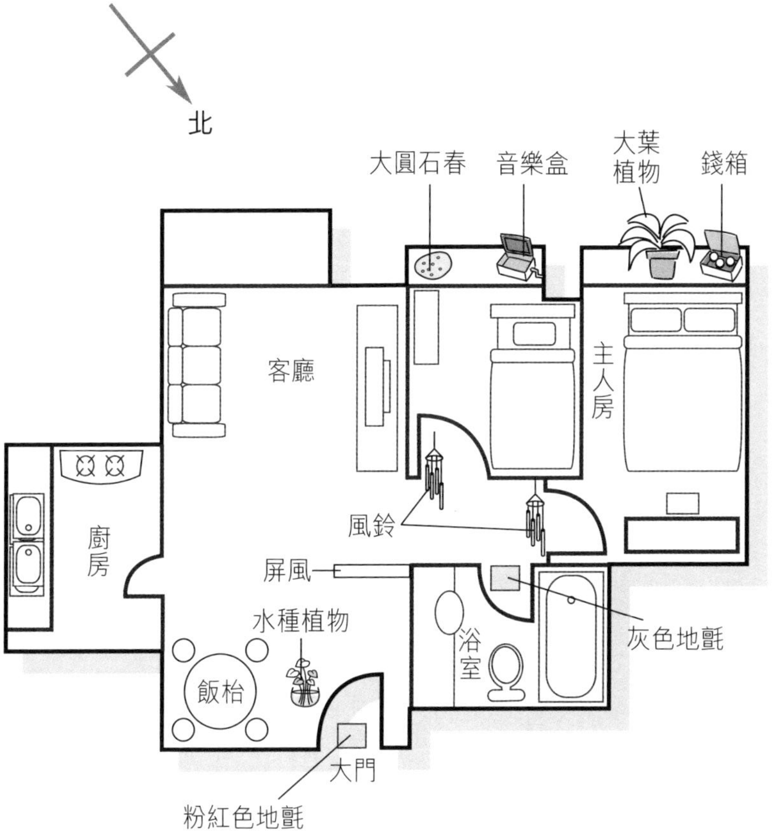
北
大圓石春
音樂盒
大葉
植物
錢箱
客廳
主人房
廚房
風鈴
屏風
水種植物
浴室
灰色地氈
飯枱
大門
粉紅色地氈

（五十五）鄺小姐問：

（一）財位、文昌位、凶位在哪裏？有甚麼方法催旺財運、事業運及健康運？可否擺催官局？

（二）魚缸該放在哪裏？養多少條魚或養甚麼顏色的魚較為合適？

（三）想放一面座地全身鏡在電腦房或主人房，應放在哪裏呢？

（四）有説主人房牀頭不可掛結婚相，否則容易吵架或離婚，對嗎？

（五）打算購買一具黑色鋼琴給兒子，請問適合放在電腦房還是飯廳？

（六）主人房房門正對大門，根據師傅你的建議，應放植物化解，宜選甚麼植物？

（七）據説將來向東的官地會建學校、休憩公園及泳池，對單位的風水有否影響？

風水及命格解説

男主人屬金，屬於百搭命，睡牀牀頭應向西北；女主人命格屬土，睡牀牀頭亦以向西北為佳；至於兒子則屬木，睡牀牀頭應向東南，顏色宜用綠、青、紅、橙及紫。

（一）財位在靠近客廳的睡房，文昌位在客廳，桃花位在主人房，凶位在主人房隔鄰的睡房，須放葫蘆化解。單位坐北向南，明年行八運，建議擺設「七星打劫搶財局」，即於大門旁邊放水種植物催財，主人房窗台擺放大圓石春，另於財位擺放夾萬錢箱聚財。就單位格局而言，此宅並不能擺放催官局。

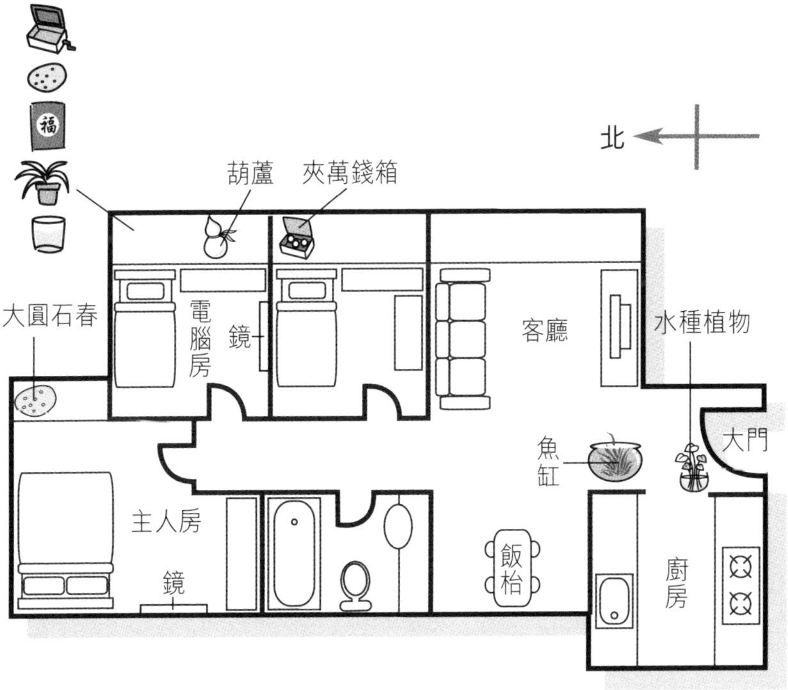

（二）魚缸應放在大門旁，但會與廚房造成沖煞，宜經常關閉廚房門或移至廚房門旁。至於魚的顏色，可選白、金、銀、黑、灰及藍，數目以十三條為佳，但要分成其中四條為同一種顏色，另外九條則為另一種顏色。

（三）全身鏡放在電腦房或主人房皆無所謂，但要謹記不可對門。

（四）結婚相放在牀頭並無問題。

（五）如果希望兒子學業成績好，宜將鋼琴放在客廳。

（六）主人房房門對大門是不用化解的。

（七）單位外見動土，會對宅中人有影響，而化解方法是擺放五行化動土局，即是在向着動土的方向依次擺放音樂盒、石頭、紅色利是封、植物及一杯水。

家宅風水基本法（增訂版）

作者
蘇民峰

編輯
吳惠芳　周宛媚

造型攝影
Polestar Studio

美術設計
馮景蕊

出版者
圓方出版社
香港英皇道 499 號北角工業大廈 20 樓
電話：2564 7511
傳真：2565 5539
電郵：info@wanlibk.com
網址：http://www.wanlibk.com
http://www.facebook.com/wanlibk

發行者
香港聯合書刊物流有限公司
香港荃灣德士古道 220-248 號荃灣工業中心 16 樓
電話：2150 2100
傳真：2407 3062
電郵：info@suplogistics.com.hk

承印者
中華商務彩色印刷有限公司
香港新界大埔汀麗路 36 號

規格
32 開 (216mm X 142mm)

出版日期
二〇二〇年一月第一次印刷
二〇二四年一月第三次印刷

Published in Hong Kong, China by Forms Publications,
a division of Wan Li Book Company Limited.
ISBN 978-962-14-7159-8

蘇民峰作品集

風水

- 《風水謬誤與基本知識》
- 《家宅風水基本法（增訂版）》
- 《如何選擇風水屋》
- 《風水天書（第七版）》
- 《風生水起 理氣篇》
- 《風生水起 巒頭篇》
- 《風生水起 例證篇》
- 《風生水起 商業篇》
- 《生活風水點滴》
- *Feng Shui Guide for Daily Life*
- *A Complete Guide to Feng Shui*
- *Feng Shui —— A Key to Prosperous Business*

八字

- 《八字萬年曆（增訂版）》
- 《八字入門 捉用神（第六版）》
- 《八字筆記壹》
- 《八字筆記貳》
- 《八字進階論格局看行運（第二版）》
- 《八字論命（第四版）》
- 《八字‧萬年曆》
- 《八字秘法》

姓名學

- 《玄學錦囊 姓名篇（新修版）》
- 《簡易改名法》

相學

- 《玄學錦囊 相掌篇（增訂版）》
- 《中國掌相》
- 《觀掌知心 入門篇》
- 《觀掌知心 掌丘掌紋篇》
- 《觀掌知心 掌紋續篇》
- 《實用面相》
- 《觀相知人》
- 《相學全集（卷一至卷四）》
- 《談情說相》
- *Essential Palm Reading*
- *Practical Face Reading and Palmistry*

其他

- 《峰狂遊世界》
- 《瘋蘇Blog Blog趣》
- 《蘇民峰美食遊蹤》
- 《師傅開飯》